Recht & Steuern
Vermieten & Verwalten
Bauen & Renovieren
Technik & Energie

Dipl.-Volksw. Volker Bielefeld
FA für Miet- und Wohnungseigentumsrecht Thomas Christ
FA für Miet- und Wohnungseigentumsrecht Dr. Michael Sommer, LL.M.

Der Verwaltungsbeirat

Seine Pflichten und seine Rechte

6. Auflage 2021

Impressum

Herausgegeben von Haus & Grund Deutschland
Zentralverband der Deutschen Haus-, Wohnungs- und Grundeigentümer e. V.
Mohrenstraße 33, 10117 Berlin
Telefon: (030) 2 02 16-0, Telefax: (030) 2 02 16-555
Internet: www.hausundgrund.de

Erschienen bei Haus & Grund Deutschland – Verlag und Service GmbH
Mohrenstraße 33, 10117 Berlin
6. Auflage 2021
ISBN 978-3-96434-016-0

Haftungsausschluss:

Diese Veröffentlichung wurde mit bestmöglicher Sorgfalt erstellt.
Sie kann aber nicht das Spruchmaterial aller deutschen Gerichte berücksichtigen. Folglich ist je nach den Einzelfallumständen mit abweichenden Gerichtsentscheidungen zu rechnen. Hinzu kommen technische Neu- bzw. Weiterentwicklungen.
Herausgeber, Verlag und Autoren übernehmen keinerlei Gewährleistung für eventuell vorhandene Unvollständigkeiten, ungenaue Angaben oder Fehler sowie hinsichtlich einer Änderung von Gesetzen, Rechtsprechung, Vorschriften, technischen Normen und Regeln; weiter auch keine Gewährleistung dafür, dass der mit dem Erwerb oder der Verwendung dieser Veröffentlichung bezweckte Erfolg tatsächlich eintritt.
Die Verwendung dieser Veröffentlichung oder einzelner Teile davon geschieht ausschließlich auf eigene Verantwortung des Erwerbers oder Verwenders.
Dieser vorstehende Haftungsausschluss gilt nur für Sach- und Vermögensschäden, er gilt nicht, soweit die vorgenannten Mängel bzw. Risiken auf Vorsatz oder grobe Fahrlässigkeit des Herausgebers, Verlages oder der Autoren zurückzuführen sind.

Ergänzungen:

Diese Veröffentlichung darf jederzeit durch Neuauflage oder Einlegeblätter geändert oder ergänzt werden, ohne dass hieraus irgendwelche Ansprüche hergeleitet werden können. Etwaige Ergänzungen werden auch unter „www.derwohnungseigentümer.de" veröffentlicht.

Inhalt

1. Einführung und Begrifflichkeiten

Zum 01.12.2020 trat das Wohnungseigentumsmodernisierungsgesetz (WEMoG) in Kraft[1]. Neben umfangreichen Änderungen sieht das WEMoG die Stärkung des Verwaltungsbeirats als wichtiges Kontrollorgan vor. „Die Tätigkeit im Verwaltungsbeirat soll attraktiver werden, indem die Haftung der Mitglieder des Verwaltungsbeirats auf Vorsatz und grobe Fahrlässigkeit beschränkt wird (§ 29 Abs. 3 WEG). Zudem sieht der Entwurf eine Flexibilisierung dahingehend vor, dass die Wohnungseigentümer die Größe des Verwaltungsbeirats nach den Bedürfnissen ihrer konkreten Gemeinschaft festlegen können (§ 29 Abs. 1 WEG)."

1.1 Begriffserklärung

Nachdem das Wohnungseigentumsrecht ein „sonderbares" Recht ist (und bleibt), kann es nicht schaden, zu Beginn des Ratgebers einige wichtige Begriffe des Wohnungseigentumsgesetzes zu erläutern. Mit der Eigentumswohnung erwirbt man ein wirtschaftlich und rechtlich selbständiges Objekt, das separat veräußert, belastet oder vererbt werden kann, jedoch eingebunden ist in eine Gemeinschaft weiterer Eigentümer. Das Recht, innerhalb eines einheitlichen Baukörpers einzelnes – wirtschaftlich und rechtlich selbständiges – Eigentum zu bilden, verringert die Anschaffungs- und zukünftigen Erhaltungskosten und stellt daher eine attraktive Möglichkeit des Eigentumserwerbs dar.

1.1.1 Wohnungseigentum

Wohnungseigentum ist echtes Eigentum, stellt allerdings eine Mischform von Alleineigentum und Miteigentum dar. Das Wohnungseigentum verbindet

- das Alleineigentum an einer Wohnung oder an einer sonstigen Raumeinheit
  = Sondereigentum
  mit
- dem Bruchteilseigentum am Grundstücksrecht
  = Miteigentum/gemeinschaftliches Eigentum[2].

1 BGBl. I, 2020, S. 2187.
2 Bielefeld/Christ/Sommer, Der Wohnungseigentümer, 10. Auflage, Kapitel 1 und 2.

Danach ist der Begriff „Wohnungseigentum" an den Begriff „Wohnung = Räume, die Wohnzwecken dienen" gekoppelt. Daher spricht man allgemein auch von der „Eigentumswohnung", obwohl das Wohnungseigentumsgesetz diesen Begriff nicht verwendet.
Gemäß § 94 BGB[3] gilt ein auf einem Grundstück errichtetes Gebäude als wesentlicher Bestandteil des Grundstücks, auf welchem es sich befindet. Damit kann das Gebäude auch nicht Gegenstand besonderer Rechte sein, sondern ist vielmehr mit dem Eigentum am Grundstück zwingend verbunden[4]. Vereinfacht gesagt bedeutet dies, dass der Grundstückseigentümer auch immer der Eigentümer des Gebäudes ist[5].
Von diesem Grundsatz weicht das Wohnungseigentumsgesetz ab, als es an Räumen und den dazugehörigen wesentlichen Bestandteilen des Gebäudes als „Gegenstand besonderen Rechts" Sondereigentum der einzelnen Miteigentümer zulässt. Damit soll den Miteigentümern im Rahmen ihres Miteigentums am Grundstück und am Gebäude ein Bereich wirklichen Alleineigentums eingeräumt werden. Unter diesem Gesichtspunkt enthält das Wohnungseigentumsgesetz notwendigerweise die entsprechenden Bestimmungen, durch welche die Grenzen zwischen Sondereigentum als Alleineigentum und Miteigentum gezogen werden.

1.1.2 Teileigentum

Räume eines Gebäudes können grundsätzlich auch zu anderen als zu Wohnzwecken genutzt werden, beispielsweise für berufliche oder gewerbliche Zwecke. In diesen Fällen spricht man von Teileigentum. Teileigentum ist das Sondereigentum an nicht zu Wohnzwecken dienenden Räumen eines Gebäudes, beispielsweise Büros, Geschäfts, Restaurants, Lagerraums, einer Garage, eines Speichers oder eines Kellerabteils[6].

Hinweis:

Soweit in diesem Ratgeber von „Eigentumswohnung" gesprochen wird, ist stets auch das Teileigentum gemeint.

---

3 Bürgerliches Gesetzbuch.
4 § 93 BGB.
5 Ausnahme hiervon ist z. B. das Erbbaurecht.
6 § 1 Abs. 3 WEG.

1.1.3 Sondernutzungsrecht

Ein Sondernutzungsrecht ist das einem Wohnungseigentümer in der Teilungserklärung oder sonstigen Vereinbarung eingeräumte Recht, Gemeinschaftseigentum unter Ausschluss der Mitnutzung durch die übrigen Wohnungseigentümer zu gebrauchen. Das Sondernutzungsrecht stellt damit ein ausschließliches Nutzungs- und Gebrauchsrecht an gemeinschaftlichen Flächen, Räumen, Anlagen und Einrichtungen dar, das einem einzelnen oder mehreren Wohnungseigentümer(n) eingeräumt wird. In der Praxis häufig anzutreffen sind Sondernutzungsrechte an oberirdischen Stellplätzen oder Gartenflächen[7]. Begünstigter eines Sondernutzungsrechts kann nur ein (oder mehrere gemeinsam) Eigentümer eines Sonder- oder Teileigentums der entsprechenden Wohnungseigentumsanlage sein[8]. Eine isolierte Einräumung eines Sondernutzungsrechts auf einen Dritten (Nichteigentümer) ist nicht möglich.

1.1.4 Abgrenzung Sondereigentum und Gemeinschaftseigentum

Eine eindeutige Trennung und Abgrenzung von Sondereigentum und Gemeinschaftseigentum ist zwingend erforderlich, nachdem mit dieser Thematik u. a. Fragen betreffend

- der Erhaltungsmaßnahmen,
- der baulichen Veränderungen,
- der Lasten- und Kostenverteilung,
- der Gebrauchs- und Nutzungsregelungen,
- der Verkehrssicherungspflichten,
- der Versicherungen etc.

verbunden sind.
Was Gegenstand und Inhalt des Sondereigentums sein kann, ergibt sich zunächst aus den Vorschriften der §§ 1, 3 und 5 WEG. Sondereigentum kann an Wohnungen (Wohnungseigentum) und an nicht zu Wohnzwecken dienenden Räumen (Teileigentum) vertraglich eingeräumt oder durch Teilung begründet werden.

7 § 3 Abs. 2 WEG.
8 BGH, 20.01.2012, V ZR 125/11, ZWE 2012, 258.

Sondereigentum soll nur eingeräumt werden, wenn die Wohnungen oder sonstigen Räume in sich abgeschlossen sind[9]. Die Abgeschlossenheit als räumliche und funktionale Abgrenzung zwischen Sondereigentum und Gemeinschaftseigentum ist durch eine Bescheinigung der Baubehörde nachzuweisen (sog. Abgeschlossenheitsbescheinigung)[10].
Was zum Gegenstand des gemeinschaftlichen Eigentums (auch Gemeinschaftseigentum genannt) zählt, ergibt sich zunächst aus § 1 Abs. 5 WEG. Danach ist Gemeinschaftseigentum

- das Grundstück sowie
- das Gebäude,

soweit sie nicht im Sondereigentum oder im Eigentum eines Dritten stehen.
Ferner zählen zum Gemeinschaftseigentum

- Teile des Gebäudes, die für dessen Bestand oder Sicherheit erforderlich sind, und
- Anlagen und Einrichtungen, die dem gemeinschaftlichen Gebrauch der Wohnungseigentümer

dienen[11]. Darüber hinaus können die Wohnungseigentümer vereinbaren, dass zum gemeinschaftlichen Eigentum auch Bestandteile des Gebäudes, die Gegenstand des Sondereigentums sein können, gehören[12]. Umgekehrt können Bestandteile des Gebäudes, die zwingendes Gemeinschaftseigentum sind, nicht durch Vereinbarung zum Sondereigentum erklärt werden. Deshalb können auch z. B. Fenster weder durch Beschluss noch durch eine Vereinbarung zum Gegenstand des Sondereigentums bestimmt werden. Regelungen dieser Art, wie sie immer noch in Teilungserklärungen oder Gemeinschaftsordnungen anzutreffen sind, sind nichtig.

1.1.5 Der Aufteilungsplan

Maßgeblich für die Abgrenzung von Sondereigentum und Gemeinschaftseigentum ist nicht die tatsächliche Bauausführung, sondern der Aufteilungsplan.

9 § 3 Abs. 2 S. 1 WEG.
10 § 7 Abs. 4 Nr. 2 WEG.
11 § 5 Abs. 2 WEG.
12 § 5 Abs. 3 WEG; Beispiel: Fußbodenbelag.

Er soll sicherstellen, dass dem Bestimmtheitsgrundsatz des Sachen- und Grundbuchrechts Rechnung getragen wird, indem er die Aufteilung des Gebäudes sowie die Lage und Größe des Sondereigentums und der im gemeinschaftlichen Eigentum stehenden Gebäudeteile ersichtlich macht[13]. Der Aufteilungsplan, der gemäß § 7 Abs. 4 WEG der Eintragungsbewilligung als Anlage beizufügen und von der Baubehörde mit Unterschrift und Siegel zu versehen ist, regelt entsprechend seiner sachenrechtlichen Abgrenzungskriterien nur die räumliche Abgrenzung, nicht aber die Nutzung der Räumlichkeiten. Im Aufteilungsplan enthaltene Nutzungsbezeichnungen stellen grundsätzlich keine Beschränkung der Nutzungsmöglichkeiten dar. Soll der Aufteilungsplan ausnahmsweise die Nutzung verbindlich regeln, muss dies eindeutig aus der Teilungserklärung oder der Gemeinschaftsordnung hervorgehen.

1.1.6 Teilungserklärung und Gemeinschaftsordnung

Die Teilungserklärung stellt eine notarielle Urkunde dar, aus welcher sich die rechtliche Aufteilung des Grundstücks ergibt. Wohnungseigentum wird entweder durch vertragliche Einräumung von Sondereigentum[14] oder durch Teilung[15] gebildet. In der Teilungserklärung erklärt der Eigentümer eines Grundstücks gegenüber dem Grundbuchamt, wie das Grundstück in Miteigentumsanteile aufgeteilt wird und mit welchen Räumen die gebildeten Miteigentumsanteile verbunden sind. Durch diese Aufteilung in der Teilungserklärung entsteht ein eigenes, frei veräußerliches Wirtschaftsgut, nämlich die Eigentumswohnung.

Die Gemeinschaftsordnung regelt die Innenbeziehung zwischen den Wohnungseigentümern[16], die ähnlich einer Satzung die Grundlage für das Zusammenleben der Wohnungseigentümer bildet. Wohnungseigentümer können von den Vorschriften des Wohnungseigentumsgesetzes abweichende Vereinbarungen treffen, soweit nicht das Wohnungseigentumsgesetz selbst etwas anderes ausdrücklich bestimmt[17]. Diese vom Gesetz abweichenden Vereinbarungen können die Wohnungseigentümer im Rahmen der Vertragsfreiheit zur Regelung ihres Verhältnisses untereinander zum Inhalt des Sondereigentums machen. Sie finden ihren Niederschlag in den entsprechenden Regelungen der

13 M. w. N. Bielefeld/Christ/Sommer, Der Wohnungseigentümer, 10. Auflage, Kapitel 2.3.1.1.
14 § 3 WEG.
15 § 8 WEG.
16 Wenn nachfolgend von Wohnungseigentümer gesprochen wird, ist auch der Teileigentümer (§ 1 Abs. 6 WEG) gemeint.
17 § 10 Abs. 2 WEG.

Gemeinschaftsordnung, vielfach auch als Bestandteil der (insoweit) erweiterten Teilungserklärung. Es besteht für eine Gemeinschaft der Wohnungseigentümer jedoch keine gesetzliche Pflicht, eine Gemeinschaftsordnung neben der (zwingenden) Teilungserklärung zu haben. Existiert eine solche nicht, ergeben sich die Rechte und Pflichten (nur) aus dem Wohnungseigentumsgesetz.

1.1.7 Wirtschaftsplan, Einzel- und Gesamtabrechnung

Die Aufstellung des Wirtschaftsplans sowie die Aufstellung und Vorlage der Jahresabrechnung gehören zu den wichtigsten Aufgaben des Verwalters. Denn nur so ist sicherzustellen, dass für die Betriebs- und Verwaltungskosten sowie die Kosten für die Erhaltung der Wohnungseigentumsanlage jederzeit ausreichende Mittel zur Verfügung stehen. Die Prüfung obliegt dem Verwaltungsbeirat, die Beschlussfassung bzw. Genehmigung ist der Wohnungseigentümerversammlung vorbehalten.
Der Wirtschaftsplan ist der Haushaltsplan der Gemeinschaft der Wohnungseigentümer. Er ist vom Verwalter aufzustellen[18]. Die Aufstellung umfasst zum einen den Gesamtwirtschaftsplan und zum anderen die aus dem Gesamtwirtschaftsplan herzuleitenden Einzelwirtschaftspläne. Der Einzelwirtschaftsplan gehört zu den unverzichtbaren Bestandteilen des Wirtschaftsplans[19].
Während der Wirtschaftsplan einer Gemeinschaft der Wohnungseigentümer die voraussichtlichen Einnahmen und Ausgaben einer künftigen Rechnungsperiode enthält, weist die für das Kalenderjahr vorzunehmende Abrechnung die tatsächlich getätigten Ausgaben und die tatsächlich zugeflossenen Einnahmen des abgeschlossenen Rechnungszeitraums aus. Hierbei dient grob vereinfacht die Gesamtabrechnung der Kontrolle der erfolgten Verwaltertätigkeit, die Einzelabrechnung demgegenüber der Kostenverteilung im Innenverhältnis auf die Wohnungseigentümer[20].
Neben der Gesamtabrechnung ist grundsätzlich für jedes Sondereigentum (Wohnungs- oder Teileigentum) eine Einzelabrechnung vorzunehmen, d. h. die Abrechnung hat einheits- bzw. objektbezogen zu erfolgen. Sie muss die anteilige Belastung mit den Lasten und Kosten des gemeinschaftlichen Eigentums gemäß dem vereinbarten oder beschlossenen Verteilungsschlüssel ausweisen. Hieraus kann dann der jeweilige Wohnungseigentümer, aber auch der Erwer-

18 § 28 WEG.
19 BGH, 02.06.2005, V ZB 32/05, NZM 2005, 543.
20 BGH, 11.10.2013, V ZR 271/12, ZWE 2014, 36; vgl. auch Bielefeld/Christ/Sommer, Der Wohnungseigentümer, 10. Auflage, Kapitel 17.2.

ber ersehen, ob ihn eine Nachzahlung trifft oder ob er einen Anspruch auf ein Guthaben besitzt.

1.1.8 Auslegung von Altvereinbarungen und Eintragung von Beschlüssen in das Grundbuch

Im Zuge des WEMoG regelte der Gesetzgeber auch den Umgang mit vom neuen Gesetz abweichenden Regelungen in der Gemeinschaftsordnung. Aufgrund der neuen Struktur und Ausrichtung des Gesetzes versucht § 47 WEG die Vereinheitlichung des Rechts. In vielen Gemeinschaftsordnungen finden sich Regelungen, die entweder vom Gesetz abweichen oder das bei Errichtung geltende Recht lediglich zur besseren Verständlichkeit wiederholen. Soweit Vereinbarungen, die vor dem 01.12.2020 getroffen wurden und die von solchen Vorschriften dieses Gesetzes abweichen, die durch das WEMoG geändert wurden, stehen der Anwendung dieser Vorschriften in der vor dem 01.12.2020 an geltenden Fassung nicht entgegen, soweit sich aus der Vereinbarung nicht ein anderer Wille ergibt. Ein solcher Wille ist im Regelfall nicht anzunehmen[21]. Vereinfacht ausgedrückt, gelten die Regelungen in der Gemeinschaftsordnung nicht mehr ungeprüft fort. Die Regelung soll sicherstellen, „dass die geänderten Vorschriften des WEG in der Regel auch in den Gemeinschaften gelten, in denen Wohnungseigentum vor Inkrafttreten der Änderungen begründet worden ist. Die Vorschrift bewirkt, dass Vereinbarungen, die vor Inkrafttreten der Änderungen getroffen wurden, der Anwendung der geänderten Vorschriften nur dann entgegenstehen, wenn sich ein entsprechender Wille aus der Vereinbarung mit hinreichender Deutlichkeit ergibt.“[22] Damit sollen schwierige Auslegungsfragen vermieden werden. Wurde daher in einer Gemeinschaftsordnung lediglich der Wortlaut des bisherigen – damals aktuellen – Gesetzes wiedergegeben, beispielhaft, dass die Einladungsfrist von Eigentümerversammlungen zwei Wochen beträgt oder dass der Verwaltungsbeirat aus drei Mitgliedern besteht, sind diese Regelungen nunmehr unbeachtlich und finden keine Anwendung mehr. Insoweit gilt nur noch das neue WEG. Lässt sich jedoch aus der Gemeinschaftsordnung ein abweichender Wille erkennen, beispielsweise wenn bei einer Mehrhausanlage Sonderregelungen zur Zusammensetzung des Verwaltungsbeirats bestehen oder aber eine Einladungsfrist von vier Wochen zur Eigentümerversammlung geregelt ist, gelten diese Regelungen fort, da bereits bei Erstellung der Gemeinschaftsordnung von den damaligen gesetzli-

21 § 47 WEG.
22 BT-Drucks. 19/18791, S. 84.

chen Regelungen bewusst abgewichen wurde. Die Regelung in der Gemeinschaftsordnung ist objektiv-normativ auszulegen. Daher kann es auch sein, dass eine Gemeinschaftsordnung vorsieht, dass eine Beschlussfähigkeit „bei 25 Prozent der Wohnungseigentümer" vorliegt. Aus der Regelung der Gemeinschaftsordnung ist daher ersichtlich, dass diese bereits damals bei Erstellung eine für die Wohnungseigentümer günstigere Regelung und damit eine Erleichterung der Beschlussfähigkeit vorsah. Im Rahmen der Auslegung dieser Altregelung wird man daher mit guten Argumenten zu dem Ergebnis gelangen können, dass nun anstelle der Regelung in der Gemeinschaftsordnung die gesetzliche Regelung gilt, wonach nun stets Beschlussfähigkeit besteht. Es bedarf hier zukünftig einer Prüfung im Einzelfall.
Neu ist ebenfalls, dass gewisse Beschlüsse der Eintragung in das Grundbuch bedürfen, wenn sie auch gegen Sondernachfolger, z. B. dem neuen Eigentümer, gelten sollen. Nach § 10 Abs. 3 Satz 1 WEG wirken Beschlüsse, die aufgrund einer Vereinbarung gefasst werden, also typischerweise aufgrund einer Öffnungsklausel in der Gemeinschaftsordnung, nur gegen Sondernachfolger, wenn sie im Grundbuch eingetragen sind[23]. Die Eintragung in das Grundbuch ist jedoch keine Wirksamkeitsvoraussetzung; der Beschluss ist zunächst auch ohne Eintragung ins Grundbuch wirksam. Soll der Beschluss jedoch auch gegenüber Sondernachfolgern Wirkung entfalten, was dringend zu empfehlen ist, muss er in das Grundbuch eingetragen werden.
Diese Eintragungspflicht in das Grundbuch besteht jedoch nicht, wenn der Beschluss aufgrund einer gesetzlichen Beschlusskompetenz gefasst wurde. In diesen Fällen wirken Beschlüsse auch weiterhin ohne Eintragung im Grundbuch gegen Sondernachfolger. Beschließen daher die Wohnungseigentümer aufgrund gesetzlicher Beschlusskompetenz, bedarf es auch zukünftig keiner Eintragung[24].

23 BT-Drucks. 19/18791, S. 50.
24 § 10 Abs. 3 S. 2 WEG.

2. Die Verwaltung des gemeinschaftlichen Eigentums und das neue Rollenverständnis

Für die Verwaltung des gemeinschaftlichen Eigentums schreibt das Wohnungseigentumsgesetz eine „Aufgabenverteilung" vor, und zwar auf

- die Gemeinschaft der Wohnungseigentümer,
- die Wohnungseigentümer,
- den Verwalter und
- den Verwaltungsbeirat.

2.1 Die Gemeinschaft der Wohnungseigentümer

Das bisherige Konzept des WEG sah die „Vollrechtsfähigkeit" der Gemeinschaft der Wohnungseigentümer (auch Wohnungseigentümergemeinschaft genannt[25]) nicht vor. Die Anerkennung der Teilrechtsfähigkeit „im Rahmen der Verwaltung des gemeinschaftlichen Eigentums" durch den BGH[26] hatte zahlreiche Fragen aufgeworfen, die Schwierigkeiten in der Verwaltung der Gemeinschaft mit sich brachten. Häufig waren die Rechtsbeziehungen zwischen den Wohnungseigentümern einerseits sowie den Wohnungseigentümern und der teilrechtsfähigen Gemeinschaft der Wohnungseigentümer andererseits unklar und dienten damit keineswegs der gewünschten Rechtssicherheit im Rechtsverkehr. Oftmals war für Dritte nicht mit hinreichender Sicherheit erkennbar, ob die teilrechtsfähige Gemeinschaft der Wohnungseigentümer oder die Wohnungseigentümer selbst berechtigt bzw. verpflichtet wurden. Diese Rechtsunsicherheit soll durch das neue WEG beseitigt werden. Zukünftig hat die Gemeinschaft der Wohnungseigentümer die Aufgabe, das gemeinschaftliche Eigentum zu verwalten[27]. Damit ist die Gemeinschaft der Wohnungseigentümer nicht mehr nur teilrechtsfähig, sondern „vollrechtsfähig"; das WEG nähert sich damit dem Verbandsrecht, insbesondere dem GmbH- und Aktienrecht an. Die Gemeinschaft der Wohnungseigentümer entsteht nun mit Anlegung der Wohnungsgrundbücher[28].

---

25 § 9 a Abs. 1 WEG.
26 BGH, 02.06.2005, V ZB 32/05, NZM 2005, 543.
27 § 18 Abs. 1 WEG.
28 § 9 a Abs. 1 S. 2 WEG; damit gibt es das Konstrukt der werdenden Wohnungseigentümergemeinschaft nicht mehr.

Durch die Neuregelung und die Harmonisierung zum Verbandsrecht handelt damit die rechtsfähige Gemeinschaft der Wohnungseigentümer im Rechtsverkehr. Die Gemeinschaft der Wohnungseigentümer kann nun Rechte erwerben und Verbindlichkeiten eingehen, vor Gericht klagen und verklagt werden[29]. Sie ist damit rechts- und prozessfähig[30]. Die Gemeinschaft der Wohnungseigentümer übt kraft Gesetzes die sich aus dem gemeinschaftlichen Eigentum ergebenden Rechte sowie solche Rechte der Wohnungseigentümer aus, die eine einheitliche Rechtsverfolgung erfordern und nimmt die entsprechenden Pflichten der Wohnungseigentümer wahr[31]. Damit wird die sog. geborene Ausübungsbefugnis erweitert; und zwar auf diejenigen Rechte, die sich aus dem gemeinschaftlichen Eigentum ergeben, die nach bisherigem Recht aber nur in den Anwendungsbereich der sog. gekorenen Ausübungsbefugnis fielen, insbesondere Ansprüche aus § 1004 BGB[32] sowie der Anspruch auf ordnungsmäßige Verwaltung des Gemeinschaftseigentums. Der Anspruch auf Unterlassung beispielhaft, der bislang ein typischer Individualanspruch des einzelnen Wohnungseigentümers war, steht nunmehr der Gemeinschaft der Wohnungseigentümer zu, soweit es sich um Ansprüche aus dem Gemeinschaftseigentum handelt[33]. Durch die zentrale Rolle der Gemeinschaft der Wohnungseigentümer bestehen zukünftig auch keine direkten Ansprüche der Wohnungseigentümer untereinander mehr, die sich auf das Gemeinschaftseigentum beziehen.
Das gemeinschaftliche Eigentum verbleibt jedoch weiterhin bei den Wohnungseigentümern und nicht bei der Gemeinschaft der Wohnungseigentümer[34]. Ein Insolvenzverfahren über das Gemeinschaftsvermögen findet nicht statt, so dass das gemeinschaftliche Eigentum weiterhin insolvenzunfähig ist[35].

2.2 Die Wohnungseigentümer entscheiden

Soweit die Verwaltung des gemeinschaftlichen Eigentums und die Benutzung des gemeinschaftlichen Eigentums sowie des Sondereigentums nicht durch Vereinbarung der Wohnungseigentümer geregelt sind, beschließen die Woh-

29 § 9 a Abs. 1 S. 1 WEG.
30 § 9 a Abs. 1 S. 1 WEG.
31 § 9 a Abs. 2 WEG.
32 BT-Drucks. 19/18791, S. 47.
33 Soweit Beeinträchtigungen des Sondereigentums geltend gemacht werden, verbleibt es bei der Zuständigkeit des jeweiligen Sondereigentümers und damit der Geltendmachung eines Individualanspruchs.
34 § 9 a Abs. 3 WEG.
35 § 9 a Abs. 5 WEG; kritisch hierzu Skauradszun, ZRP 2020, 34.

nungseigentümer eine ordnungsmäßige Verwaltung und Benutzung[36]. Die Beschlussfassung erfolgt mit einfacher Mehrheit in der Wohnungseigentümerversammlung, als zentralen Ort der Entscheidungsfindung[37]. Somit entscheiden die Wohnungseigentümer über alle Verwaltungsangelegenheiten, gleich ob es sich um Erhaltungsmaßnahmen oder bauliche Veränderungen handelt, um die Hausordnung oder andere Gebrauchsregelungen für gemeinschaftliche Anlagen und Einrichtungen. Die Wohnungseigentümer bestellen auch weiterhin den Verwalter[38] und entscheiden über seine Abberufung, wenn er beispielsweise seinen Verpflichtungen nicht nachkommt. Ihnen obliegt die Beschlussfassung über den Wirtschaftsplan und die Jahresrechnung[39]. Ohne ihre Beschlussfassung ist kein Eigentümer verpflichtet, Zahlungen an die Gemeinschaft der Wohnungseigentümer zu leisten. Ebenso können die Wohnungseigentümer unter bestimmten Voraussetzungen auch über Änderungen der Kostenverteilung mehrheitlich entscheiden[40].

2.3 Die Verwaltung des gemeinschaftlichen Eigentums

Die Gemeinschaft der Wohnungseigentümer kann selbst nicht handeln. Sie benötigt daher – ähnlich einer juristischen Person – Unterstützung eines Dritten, um handeln zu können. Die Gemeinschaft der Wohnungseigentümer wird daher durch den Verwalter vertreten[41]. Dem Verwalter kommt eine gesetzliche Geschäftsführungs- und Vertretungsbefugnis zu. Eine Zurückweisung einer etwaigen fehlenden Vollmacht des Verwalters bei der Abgabe von Willenserklärungen ist damit obsolet, da sich die Vertretungsmacht nun direkt aus dem Gesetz ergibt[42]. Hat die Gemeinschaft der Wohnungseigentümer keinen Verwalter, obliegen diese Rechte den Wohnungseigentümern gemeinschaftlich[43]. Die Vertretungsmacht des Verwalters ist nach außen hin unbeschränkt und kann nicht durch Vereinbarung oder Beschluss eingeschränkt werden[44]. Damit wird der Rechtsverkehr mit der Gemeinschaft der Wohnungseigentümer erleichtert. Unklarheiten, ob der Verwalter nach außen hin eine Erklärung für die

36 § 19 Abs. 1 WEG.
37 § 23 ff. WEG; BT-Drucks. 19/18791, S. 2.
38 § 26 Abs. 1 WEG.
39 § 28 WEG.
40 § 16 Abs. 2 S. 2 WEG.
41 § 9 b Abs. 1 WEG.
42 Zum alten Recht noch BGH, 20.02.2014, III ZR 443/13, ZWE 2014, 181.
43 § 9 b Abs. 1 S. 2 WEG.
44 § 9 b Abs. 1 S. 3 WEG.

Gemeinschaft der Wohnungseigentümer abgeben durfte, ist damit obsolet. Von diesem „rechtlichen Können" im Außenverhältnis ist jedoch das „rechtliche Dürfen" im Innenverhältnis zu den Wohnungseigentümern (Geschäftsführung) zu unterscheiden. Es ist durchaus möglich, dass durch den Verwaltervertrag, jedoch auch durch Beschluss, im Innenverhältnis die Rechte des Verwalters eingeschränkt werden. Trotz einer solchen Einschränkung im Innenverhältnis bleibt es aber dabei, dass der Verwalter im Außenverhältnis die Gemeinschaft der Wohnungseigentümer verpflichten kann. In einem solchen Fall macht sich der Verwalter jedoch im Innenverhältnis möglicherweise schadenersatzpflichtig.

Die Rechte und Pflichten des Verwalters bei der Verwaltung des gemeinschaftlichen Eigentums richten sich zunächst nach den Vorschriften des Wohnungseigentumsgesetzes, im Übrigen aber auch nach den Vereinbarungen der Gemeinschaftsordnung sowie nach den im Verwaltervertrag individuell ergänzend oder abweichend getroffenen Regelungen im Innenverhältnis.

Der Verwalter ist gegenüber der Gemeinschaft der Wohnungseigentümer – auch ohne Vorbefassung der Wohnungseigentümer – berechtigt und verpflichtet, die Maßnahmen ordnungsmäßiger Verwaltung zu treffen, die

- ungeordnete Bedeutung haben und nicht zu erheblichen Verpflichtungen führen oder
- zur Wahrung einer Frist oder zur Abwendung eines Nachteils erforderlich sind[45].

Wie bereits ausgeführt, können die Wohnungseigentümer jedoch die Rechte und Pflichten durch Beschluss einschränken oder erweitern[46].

Alle Pflichten des Verwalters bestehen gegenüber der Gemeinschaft der Wohnungseigentümer, insbesondere die Pflicht des Verwalters, die von den Wohnungseigentümern gefassten Beschlüsse zu vollziehen. Zentrale Rolle des Verwalters in seiner Eigenschaft als Organ der Gemeinschaft der Wohnungseigentümer ist weiterhin der Vollzug der Beschlüsse, die selbständige Erledigung der Angelegenheiten, über die eine Beschlussfassung durch die Wohnungseigentümer nicht geboten ist[47] und die selbständige Erledigung aller dringlichen Angelegenheiten. Um Rechtsklarheit und Rechtssicherheit zu erreichen, erhält der Verwalter damit die nahezu unbeschränkte Vertretungsmacht nach

45 § 27 Abs. 1 WEG.
46 § 27 Abs. 2 WEG.
47 § 27 WEG.

außen. Quasi als Ausgleich für die Stärkung der Rechte des Verwalters besteht für die Wohnungseigentümer jederzeit die Möglichkeit, den Verwalter abzuberufen[48].

2.4 Die Beschlussfassung

Die Beschlussfassung wurde merklich vereinfacht. Gemäß § 25 Abs. 1 WEG entscheidet bei der Beschlussfassung „die Mehrheit der abgegebenen Stimmen". Um in Zukunft überflüssige und ärgerliche Teilnahmen an Versammlungen zu vermeiden, die sich als nicht beschlussfähig herausstellen, wurde zudem das Beschlussfähigkeitsquorum aufgehoben[49]. Unabhängig von der Zahl der vertretenen Miteigentumsanteile besteht daher für jede Eigentümerversammlung nun Beschlussfähigkeit. Dies „stärkt die Verwaltungskompetenz der Wohnungseigentümerinnen und Wohnungseigentümer, die sich in Zukunft darauf verlassen können, dass eine Versammlung, zu der sie erscheinen, auch Beschlüsse fassen kann"[50].
Das WEG geht weiterhin von dem Grundsatz der Präsenzversammlung in der Eigentümerversammlung aus. Die Wohnungseigentümer können nun jedoch beschließen, dass Wohnungseigentümer an der Versammlung auch ohne persönliche Anwesenheit an der Eigentümerversammlung teilnehmen und sämtliche oder einzelne ihrer Rechte ganz oder teilweise im Wege elektronischer Kommunikation ausüben können[51]. „Die Beschlusskompetenz ermöglicht es aber nicht, die Präsenzversammlung insgesamt zugunsten einer reinen Online-Versammlung abzuschaffen. Das Recht jedes Wohnungseigentümers, physisch an der Versammlung teilzunehmen, steht damit nicht zur Disposition der Mehrheit"[52].
Auch wurden die Voraussetzungen für den Umlaufbeschluss reduziert. Umlaufbeschlüsse bedürfen nicht mehr der strengen Schriftform, sondern können in Textform[53] gefasst werden[54]. Damit können Umlaufbeschlüsse nun z. B. per E-Mail, über Internetplattformen oder Apps gefasst werden[55].

48 § 26 Abs. 3 WEG.
49 BT-Drucks. 19/18791, S. 27.
50 BT-Drucks. 19/18791, S. 27.
51 § 23 Abs. 1 S. 2 WEG.
52 BT-Drucks. 19/18791, S. 71.
53 § 126 b BGB.
54 § 23 Abs. 3 WEG.
55 BT-Drucks. 19/18791, S. 72.

2.5 Die Rolle des Verwaltungsbeirats

Neben den Wohnungseigentümern als dem weiterhin entscheidenden und beschließenden Organ und dem Verwalter als Geschäftsführungs- und Vertretungsorgan der Gemeinschaft der Wohnungseigentümer sieht das WEG eine weitere Beteiligung an der gemeinschaftlichen Verwaltung vor; und zwar durch den Verwaltungsbeirat. Die Einrichtung eines Verwaltungsbeirats ist nicht verpflichtend; vielmehr „können" die Wohnungseigentümer durch Beschluss zum Mitglied des Verwaltungsbeirats bestellt werden[56] (vgl. ausführlich hierzu Kapitel 3). Der Verwaltungsbeirat hat auch weiterhin keine Rechtspersönlichkeit[57]. Dem Verwaltungsbeirat obliegt nach der gesetzlichen Regelung die Unterstützung und Überwachung des Verwalters bei der Durchführung seiner Aufgaben; und zwar

- die Prüfung des Wirtschaftsplans und der Jahresabrechnung sowie
- die Stellungnahme zu den geprüften Unterlagen[58].

Der Gesetzgeber sieht den Verwaltungsbeirat als „Kontrollorgan"[59] und „unterstützendes Organ"[60]. Den Verwaltungsbeirat treffen dabei letztlich keine mit dem Verwalter vergleichbaren Verwaltungspflichten. Er soll jedoch weiterhin auch als Vermittler zwischen den Wohnungseigentümern, der Gemeinschaft der Wohnungseigentümer und dem Verwalter fungieren. Er soll Wünsche, Anregungen und auch Beschwerden der Eigentümer entgegennehmen sowie die Durchführung der Aufgaben des Verwalters unterstützen und überwachen. Neu ist die gesetzliche Vertretungsberechtigung dem Verwalter gegenüber[61]. § 9 b Abs. 2 WEG sieht in Anlehnung an § 46 Nr. 8 GmbHG dahingehend eine Beschlusskompetenz vor, die Vertretung der Gemeinschaft der Wohnungseigentümer gegenüber dem Verwalter zu regeln, wenn dieser von der Vertretung der Gemeinschaft der Wohnungseigentümer ausgeschlossen ist. Den Verwalter gegenüber vertritt daher der Vorsitzende des Verwaltungsbeirats oder ein durch Beschluss dazu ermächtigter Wohnungseigentümer die Gemeinschaft der Wohnungseigentümer. Mangels anderweitiger Ermächtigung eines Wohnungseigentümers bleibt daher der Verwaltungsbeiratsvorsitzende gesetzli-

56 § 29 Abs. 1 S. 1 WEG.
57 OLG Düsseldorf, 24.09.1997, 3 Wx 221/97, NZM 1998, 36.
58 § 29 Abs. 2 WEG.
59 BT-Drucks. 168/20, S. 25; vgl. auch zum alten Recht: BGH, 17.01.2019, V ZB 121/18, ZWE 2019, 329.
60 BT-Drucks. 168/20, S. 63.
61 § 9 b Abs. 2 WEG.

cher Vertreter für etwaige Ansprüche gegenüber dem Verwalter. Es liegt auf der Hand, dass bei Ansprüchen der Gemeinschaft der Wohnungseigentümer gegen den Verwalter als deren Geschäftsführungs- und Vertretungsorgan nicht der Verwalter selbst auf beiden Seiten tätig werden kann. Nachdem es hier in der Regel um Ansprüche der Gemeinschaft der Wohnungseigentümer gegen den Verwalter z. B. aufgrund Pflichtverletzung geht, muss die Gemeinschaft der Wohnungseigentümer durch eine andere Person gesetzlich vertreten werden. Das Gesetz bestimmt nunmehr den Verwaltungsbeiratsvorsitzenden für diese beschränkten Fälle, in denen der Verwalter wegen Selbstkontrahierens[62] nicht für die Gemeinschaft der Wohnungseigentümer tätig sein kann, als gesetzlichen Vertreter (vgl. Kapitel 9.8).
Neben der bisherigen Aufgabe des Verwaltungsbeirats zur „Unterstützung“ des Verwalters sieht das WEG nun auch die „Überwachung“ des Verwalters vor. Diese Neuregelung führt zu einer Erweiterung der Aufgaben des Verwaltungsbeirats (vgl. Kapitel 9.1.5). Damit rückt der Verwaltungsbeirat auf den ersten Blick gefährlich in die Nähe eines Aufsichtsrats[63].

62 § 181 BGB.
63 Sommer, ZWE 2020, 409 ff.

3. Muss ein Verwaltungsbeirat bestellt werden?

Während die Bestellung eines Verwalters nicht ausgeschlossen werden kann,[64] ist es von vornherein den Wohnungseigentümern selbst überlassen, ob sie von der Möglichkeit Gebrauch machen, einen Verwaltungsbeirat zu schaffen[65]. Insoweit spricht man von einem „fakultativen Organ“[66].
Es wird also keinerlei Zwang auf die Wohnungseigentümer ausgeübt. Es bleibt ihrem Willen und der Frage ordnungsmäßiger Verwaltung (§ 18 Abs. 2 Nr. 1 WEG) überlassen, ob sie einen Verwaltungsbeirat wählen oder nicht. Dies gilt auch für den Fall, dass die Gemeinschaftsordnung einen Verwaltungsbeirat vorsieht. Die Gemeinschaft der Wohnungseigentümer ist auch ohne Verwaltungsbeirat in vollem Umfang handlungs- und funktionsfähig[67].
Wie auch bei der Bestellung des Verwalters ist bei der Bestellung des Verwaltungsbeirats zwischen dem Bestellungsakt (durch Beschluss der Wohnungseigentümer) und dem schuldrechtlichen Vertrag (regelmäßig als Auftrag) zwischen Verwaltungsbeirat und Gemeinschaft der Wohnungseigentümer zu unterscheiden[68].

3.1 Verlangen einer Beiratsbestellung

Findet sich im Übrigen keine Mehrheit für eine Bestellung oder – und das ist häufig der Fall – sind Wohnungseigentümer nicht bereit, das Amt als Verwaltungsbeirat zu übernehmen, ist umstritten, ob die Bestellung eines Beirates im Rahmen ordnungsmäßiger Verwaltung gemäß §§ 18 Abs. 2 WEG verlangt werden kann[69]. Nach hier vertretener Auffassung ist ein solcher Anspruch gerichtlich über § 18 Abs. 2 WEG (Leistungsklage) bzw. § 44 Abs. 1 Satz 2 WEG (Beschlussersetzungsklage) dann durchsetzbar, wenn hiermit eine funktionsfähige Verwaltung sichergestellt wird und damit ordnungsmäßiger Verwaltung entspricht[70]. Auch die neuen Funktionen, insbesondere die Pflicht zur „Überwachung“ nach § 29 Abs. 2 WEG, spricht für einen durchsetzbaren Anspruch.

64 § 25 Abs. 5 WEG.
65 BGH, 05.02.2010, V ZR 126/09, NJW 2010, 3168.
66 Armbrüster, JuS 2002, 568, m. w. N.; Becker in Bärmann, WEG, § 29 Rd. 1.
67 BGH, 05.02.2010, V ZR 126/09, NJW 2010, 3168.
68 BayObLG, 09.06.1994, 2 Z BR 27/94, ZMR 1994, 575; BayObLG, 30.04.1999, 2Z BR 153/98, NZM 1999, 862.
69 Noch zum alten Recht: BGH, 05.02.2010, V ZR 126/09, NJW 2010, 3168; OLG Düsseldorf, 31.08.1990, 3 Wx 257/90, NJW-RR 1991, 594.
70 Dötsch/Schultzky/Zschieschack, WEG-Recht 2021, Kapitel 11 Rd. 17.

Weitere Anhaltspunkte für einen Anspruch können die Größe der WEG (Anzahl Sonder- und Teileigentumseinheiten) oder z. B. größere Baumaßnahmen sein. Die gerichtliche Bestellung der Mitglieder des Verwaltungsbeirats kann jedoch nicht gegen den Willen des einzelnen Wohnungseigentümers erfolgen. Entsprechend der Parallele zur Verwalterbestellung muss auch das „bestellte Mitglied" gewillt sein, das Amt zu übernehmen. Daher sind in der Klage auch die konkreten Personen namentlich zu benennen, die zum Verwaltungsbeirat bestellt werden sollen. Ist kein Wohnungseigentümer bereit, dieses Amt zu übernehmen, geht der Anspruch freilich ins Leere; einer Klage fehlt dann bereits das Rechtsschutzbedürfnis.
Scheidet ein Mitglied aus dem Verwaltungsbeirat aus, z. B. durch Verkauf seiner Eigentumswohnung, so wird sich hieraus kein Anspruch ergeben, da die noch nach altem Recht geforderte Mindestanzahl von drei Verwaltungsbeiratsmitgliedern nicht mehr existiert. Die bisherige Bestellung der übrigen Mitglieder des Verwaltungsbeirats bleibt vom Ausscheiden des Mitglieds aus dem Verwaltungsbeirat unberührt[71].

3.2 Abweichende Vereinbarungen zur Beiratsbestellung

Die Bestimmungen des § 29 WEG sind dispositiv, also abdingbar. Das bedeutet, dass von ihnen auch dauerhaft durch Vereinbarung gemäß § 10 Abs. 1 und 3 WEG abgewichen werden kann[72], nicht jedoch durch Mehrheitsbeschluss. Ein Mehrheitsbeschluss ist als gesetzesändernder Mehrheitsbeschluss nichtig[73]. Etwas anderes gilt nur für den Fall, dass die Gemeinschaftsordnung eine Änderung durch Mehrheitsbeschluss aufgrund einer sogenannten Öffnungsklausel enthält, also die rechtliche Möglichkeit durch Mehrheitsentscheidung das zu regeln, was sonst nur durch allseitige Vereinbarung möglich ist[74]. Die Öffnungsklausel stellt nur eine Ermächtigungsgrundlage dar, sagt aber nichts über die materielle Rechtmäßigkeit des hierauf gestützten Beschlusses aus. Die danach zu beschließenden Änderungen setzen daher weiter voraus, dass sie sowohl hinsichtlich des „Ob" als auch des „Wie" nicht willkürlich sein dürfen. Sie

71 OLG Düsseldorf, 31.08.1990, 3 Wx 257/90, NJW-RR 1991, 594.
72 Noch zum alten Recht: BayObLG, 03.05.1972, BReg. 2 Z 7/72, NJW 1972, 1377; BayObLG, 15.10.1991, 2 Z 136/91,MDR 1992, 479 = NJW-RR 1992, 210; 21.10.1993, 2Z BRb103/93, ZMR 1994, 69; KG, 24.12.1988, 24 W 1435/88, NJW-RR 1989, 460; OLG Düsseldorf, 31.08.1990, 3 Wx 257/90, MDR 1991, 60 = ZMR 1991, 32; OLG Naumburg, WM 2001, 38; Becker in Bärmann, WEG, § 29 Rn. 3.
73 BGH, 20.09.2000, V ZB 58/99, DWE 2000, 113 = ZWE 2000, 518.
74 Merle in Bärmann, WEG, § 23, 14 ff.

müssen den Grundsätzen ordnungsmäßiger Verwaltung entsprechen[75]. Zum Schutz der Minderheit sind bestimmte „fundamentale inhaltliche Schranken" zu beachten[76]. Ein solcher Beschluss wirkt aber nur dann gegen Sondernachfolger, also einem nach Beschlussfassung neu eintretenden Eigentümer, wenn dieser Beschluss im Grundbuch eingetragen wurde[77].

Rechtlich zulässig sind Regelungen in der Gemeinschaftsordnung, wonach die Entscheidung über die Einrichtung eines Verwaltungsbeirats nur einzelnen Eigentümern oder allen Eigentümern[78] obliegt. § 29 WEG ist auch bezogen auf den Aufgabenbereich des Verwaltungsbeirates dispositiv, weshalb gemäß § 10 Abs. 1 Satz 2 WEG hierzu abweichende Vereinbarungen getroffen werden können. Es können daher z. B. bei Mehrhausanlagen für jede Untergemeinschaft separate Verwaltungsbeiräte, jedoch auch ein für die Gesamtgemeinschaft „großer Verwaltungsbeirat"[79] vereinbart werden. Die einzelnen Verwaltungsbeiräte der Untergemeinschaften können die teilweise auf die spezielle Untergemeinschaft anfallenden Aufgaben des Verwaltungsbeirats übernehmen[80].

In der Teilungserklärung bzw. der Gemeinschaftsordnung oder durch spätere Vereinbarung kann auch eine Regelung getroffen werden, durch die die Bestellung eines Verwaltungsbeirates grundsätzlich ausgeschlossen wird[81].

Ebenso kann aus der Streichung einer Vereinbarung, wonach die Wohnungseigentümer (später) einen Verwaltungsbeirat zu bestellen haben, nicht gefolgert werden, dass damit die Bestellung eines Beirates ausgeschlossen werden soll[82].

Will die Gemeinschaft für den Fall eines vereinbarten Ausschlusses der Beiratsbestellung dennoch – künftig – einen Verwaltungsbeirat bestellen, kann eine solche Regelung wiederum nur durch eine Vereinbarung im Sinne von § 10 Abs. 1 Satz 2 und Abs. 3 WEG getroffen werden, sofern nicht grundsätzlich solche Regelungen als nichtig angesehen werden[83].

Ungeachtet der grundsätzlichen Notwendigkeit einer Vereinbarung zur Änderung einer solchen Regelung in der Teilungserklärung, ist jedoch im konkreten

75 BGH, 01.04.2011, V ZR 162/10, ZWE 2011, 323; BGH, 10.06.2011, V ZR 2/10, NZM 2011, 589.
76 BGH, 10.10.2014, V ZR 315/13, NJW 2015, 549; BGH, 13.05.2016, V ZR 152/15 NJW-RR 2016, 1107.
77 § 10 Abs. 3 WEG, vgl. auch Kapitel 1.8.
78 AG München, 30.07.2009, 483 C 393/09, ZMR 2010, 811.
79 OLG Celle, 22.05.2007, 4 W 57/07, NZM 2007, 689.
80 Sommer, ZWE 2019, 155 ff.
81 BayObLG, 21.10.1993, 2Z BR 103/93, WM 1994, 45.
82 OLG Köln, 18.02.1972, 16 Wx 24/71, Rpfleger 1972, 261.
83 AG München, 30.07.2009, 483 C 393/09, ZMR 2010, 811.

Fall auch eine nur mit Mehrheit beschlossene Bestellung eines Verwaltungsbeirates als – nur – vereinbarungswidriger bzw. gesetzeswidriger Mehrheitsbeschluss zwar anfechtbar, jedoch nicht nichtig[84]. Aber auch hier gilt, dass ein solcher Beschluss nur dann gegenüber Sondernachfolgern Wirkung entfaltet, wenn der Beschluss im Grundbuch eingetragen wurde[85].
Im Übrigen können die Wohnungseigentümer dann, wenn ein Verwaltungsbeirat nicht bestellt ist, durch mehrheitliche Beschlussfassung für bestimmte einzelne Aufgaben Sonderausschüsse einrichten[86], beispielsweise zur Prüfung der Abrechnung und der Rechnungslegung als „Kassen-" oder „Rechnungsprüfer." Voraussetzung ist allerdings, dass dadurch weder den Wohnungseigentümern, der Gemeinschaft der Wohnungseigentümer noch dem Verwalter die ihnen nach dem Gesetz oder Vereinbarung zugewiesenen Aufgaben und Befugnisse beschnitten werden. Dabei liegt es im Ermessen der Wohnungseigentümer die Anzahl und die Zusammensetzung solcher Ausschüsse festzulegen. Dabei kann es sich aber auch um besondere „Bauausschüsse" handeln, die beispielsweise bei umfangreicheren Sanierungsmaßnahmen zur Unterstützung des Verwalters eingesetzt werden können.
Gemäß § 29 Abs. 1 Satz 1 WEG erfolgt die Bestellung des Verwaltungsbeirats durch Beschluss und zwar mit der Mehrheit der in der Eigentümerversammlung anwesenden stimmberechtigten Wohnungseigentümer[87]. Zulässig ist aber auch eine Regelung in der Gemeinschaftsordnung, wonach die Beiratsbestellung nicht durch einfachen, sondern z. B. nur durch qualifizierten Mehrheitsbeschluss (Zwei-Drittel oder Drei-Viertel-Mehrheit) oder durch ein-(all-)stimmigen Beschluss erfolgen darf.
Von derartigen Vereinbarungen im Sinne von § 10 Abs. 1 Satz 2 WEG kann ebenfalls nur durch eine neue Vereinbarung abgewichen werden. Durch jahrelange abweichende Übung, einen Verwaltungsbeirat, anders als es die Vereinbarung vorschreibt, durch unangefochtenen Mehrheitsbeschluss zu bestellen, wird eine solche Vereinbarung nicht abgeändert[88].

84 AG München, 30.07.2009, 483 C 393/09, ZMR 2010, 811; zum gesetzeswidrigen Mehrheitsbeschluss vgl. BGH, 20.09.2000, V ZB 58/00, DWE 2000, 113 = ZWE 2000, 518.
85 § 10 Abs. 3 WEG; vgl. auch Kapitel 1.8.
86 BGH, 05.02.2010, V ZR 126/09, NJW 2010, 3168; Lehmann-Richter in Staudinger, WEG (2018), § 29 Rd. 24; Hogenschurz, MietRB 2014, 220 ff.
87 Gemäß § 25 Abs. 1 WEG entscheidet bei der Beschlussfassung die Mehrheit der abgegebenen Stimmen.
88 A. A. BayObLG, 21.10.1993, 2Z BR 103/93, DWE 1994, 26 = NJW-RR 1994, 338; 31.03.2004, 2Z BR 11/04, NZM 2004, 587, dort allerdings unter der Voraussetzung, dass alle Wohnungseigentümer auch künftig einen Mehrheitsbeschluss als ausreichend erachten wollen und allen Eigentümern die Regelung in der Teilungserklärung bekannt ist.

Jedoch ist auch hier im jeweils konkreten Fall der Beiratsbestellung ein einfacher Mehrheitsbeschluss als – nur – gesetzes- bzw. vereinbarungswidriger Mehrheitsbeschluss wirksam, wenn er nicht angefochten und für ungültig erklärt wird[89]. Letzterer wirkt aber nur dann gegen Sondernachfolger, wenn dieser Beschluss im Grundbuch eingetragen wurde[90].

89 BayObLG, 28.03.2002, 2Z BR 4/02, NZM 2002, 529 = ZWE 2002, 405; zum zulässigen Ausschluss und zur Beschränkung der Beiratsbestellung vgl. auch Bub, ZWE 2002, 7 m. w. N.
90 § 10 Abs. 3 WEG.

4. Zusammensetzung des Verwaltungsbeirates

Gemäß § 29 Abs. 1 Satz 1 WEG kann ein Wohnungseigentümer durch Beschluss zum Mitglied des Verwaltungsbeirats bestellt werden. Wird ein Wohnungseigentümer mit dessen Zustimmung zum Verwaltungsbeirat bestellt, erwirbt er ein privates Amt. Es handelt sich dabei um ein höchstpersönliches Amt, d. h. es kann nicht auf einen anderen Wohnungseigentümer oder Dritten übertragen werden[91]. Hat der Verwaltungsbeirat mehrere Mitglieder, ist ein Vorsitzender und ein Stellvertreter zu bestimmen.

4.1 Nur Wohnungseigentümer können Mitglied des Verwaltungsbeirates sein

Nach der gesetzlichen Regelung dürfen nur Wohnungseigentümer zu Mitgliedern des Verwaltungsbeirates bestellt werden. Wohnungseigentümer ist zunächst derjenige, der im Grundbuch als Eigentümer eingetragen ist. Aber auch der (im Grundbuch noch nicht eingetragene) Erbe als Gesamtrechtsnachfolger, der Ersteher einer Immobilie im Zwangsversteigerungsverfahren durch Zuschlag (§ 90 ZVG) sowie der „werdende" Wohnungseigentümer sind zulässige Kandidaten für den Verwaltungsbeirat[92]. Wegen der Abdingbarkeit des § 29 Abs. 1 WEG kann jedoch durch Vereinbarung gemäß § 10 Abs. 1 Satz 2 WEG – entsprechend bereits durch die Gemeinschaftsordnung – geregelt werden, dass auch Nicht-Wohnungseigentümer als Beirat bestellt werden können[93].

Noch nicht durch den BGH entschieden ist die Frage, ob ein Mehrheitsbeschluss zur Wahl eines Nicht-Wohnungseigentümers bereits wegen der unbegrenzten Amtszeit nichtig oder nur anfechtbar ist. Ein Mehrheitsbeschluss reicht zur Wahl eines Nicht-Wohnungseigentümers nicht aus[94], er ist aber nicht

91 Kümmel, NZM 2003, 30.

92 BGH, 14.02.2020, V ZR 159/19, ZWE 2020, 267; Lehmann-Richter in Staudinger, WEG (2018), § 29 Rd. 24; Hogenschurz, MietRB 2014, 220 ff; a. A. Hügel/Elzer, WEG, 3. Auflage, § 29 Rd. 20.

93 BayObLG, 15.10.1991, 2 Z 136/91, BayObLGZ 1991, 356 = NJW-RR 1992, 210 = WM 1991, 714, entgegen früherer Auffassung BayObLG, 03.05.1972, 2 Z 7/72, BayObLGZ 1972, 161 = Rpfleger 1972, 262; ebenso früher BayObLG, 28.10.1987, 2 Z 124/87, NJW-RR 1988, 270; KG, 21.12.1988, 24 W 1435/88, NJW-RR 1989, 460 = ZMR 1989, 186.

94 OLG Düsseldorf, 31.08.1990, 3 Wx 257/90, OLGZ 1991, 37 = DWE 1990, 148 = NJW-RR 1991, 594 = ZMR 1991, 32; OLG Düsseldorf, 02.01.1995, 3 Wx 195/92, WE 1995, 278.

nichtig, sondern als gesetzeswidriger Mehrheitsbeschluss (nur) anfechtbar[95]. Ist ein Nicht-Wohnungseigentümer mangels Anfechtung des Bestellungsbeschlusses rechtswirksam in den Verwaltungsbeirat gewählt, hat er auch das Recht, an den Wohnungseigentümerversammlungen teilzunehmen, jedenfalls bei der Behandlung jener Angelegenheiten, die den Aufgabenbereich des Verwaltungsbeirates betreffen[96]. Das gilt auch für die Beschlussfassung über die Abberufung des Verwalters aus wichtigem Grund, wenn der wichtige Grund auf eine Zerrüttung des Vertrauensverhältnisses zwischen ihm (dem Verwalter) und dem Verwaltungsbeirat gestützt wird[97]. Grundsätzlich ist davon auszugehen, dass auch ein Nicht-Wohnungseigentümer als Verwaltungsbeirat uneingeschränkt an der Wohnungseigentümerversammlung teilnehmen kann, wenn er von einem Wohnungseigentümer zu dessen Vertretung bevollmächtigt ist und eine Vertretungsbeschränkung nicht entgegensteht.

Strittig ist weiter die Frage, ob die Vertretungsorgane juristischer Personen (GmbH oder AG), die Eigentümer von Wohnungs- oder Teileigentumseinheiten sind, als Beiratsmitglied bestellt werden dürfen. Nach herrschender Meinung können Kapitalgesellschaften als „Person" nicht als Beiratsmitglied bestellt werden. Das Gleiche gilt für deren Gesellschafter oder ihre gesetzlichen Vertreter[98]. Begründet wird diese Auffassung damit, dass das Beiratsamt als höchstpersönliches Amt eben nur natürlichen Personen vorbehalten ist[99].

---

95 LG Karlsruhe, 13.03.2009, 11 S 22/09, ZWE 2009, 168; LG Dortmund, 19.11.2013, 1 S 296/12, ZWE 2014, 127; AG Köln, 06.03.2017, 202 C 114/16, ZWE 2017, 377; vgl. insoweit auch Kümmel, NZM 2003, 303; für eine Nichtigkeit spricht sich auch im Hinblick des leicht geänderten Wortlauts des Gesetzes aus: Sommer, ZWE 2020, 155 ff.

96 AG Idstein, 07.09.2015, 32 C 7/15, ZMR 2016, 318; ein allgemeines Anwesenheitsrecht bejahend: Greiner in BeckOKG, WEG, § 29 Rd. 6 m. w. N.

97 OLG Hamm, 27.09.2006, 15 W 98/06, BeckRS 2006, 13571 = IMR 2007, 1019.

98 Armbrüster, ZWE 2001, 355; Bub, ZWE 2002, 7; Niedenführ, a. a. O., § 29 Rn. 11, m. w. N.; a. A. Becker in Bärmann, WEG, § 29 Rn. 12, wonach der Geschäftsführer als gesetzlicher Vertreter einer juristischen Person Mitglied des Verwaltungsbeirates sein kann; Schmidt, ZWE 2004, 18, (28); für die Zulässigkeit der Bestellung eines Vertretungsorgans einer juristischen Person als Beiratsmitglied auch OLG Köln, 24.11.1999, 16 Wx 158/99, NZM 2000, 193; OLG Frankfurt, 18.07.1986, 20 W 361/85, OLGZ 1986, 432, dort zur zulässigen Vertretung einer Miteigentümer-KG durch deren gesetzlichen Vertreter; LG Bonn, 11.08.2004, 8 T 285/03; vgl. dazu Häublein, wonach die Bestellung eines gesetzlichen Vertreters zwar der gesetzlichen Regelung widerspricht, ein genereller Ausschluss juristischer Personen jedoch zu verneinen ist, sofern eine kontinuierliche Vertretung erfolgt, ZMR 2003, 233 (238).

99 Kümmel, NZM 2003, 303, mit Hinweis auf Armbrüster, ZWE 2001, 355 (356).

Nach gegenteiliger Meinung gibt es dagegen weder aus rechtlicher Sicht noch aus praktischen Überlegungen Gründe, die der Bestellung einer juristischen Person als Verwaltungsbeirat entgegenstehen[100].
Wohnungseigentümer im Sinne des § 29 Abs. 1 Satz 1 WEG kann bei juristischen Personen nach hier vertretener Auffassung nur der jeweilige gesetzliche Vertreter der juristischen Person sein, da es sich hierbei um natürliche Personen handelt. Bei der GmbH kann daher (nur) der Geschäftsführer, bei der AG nur der Vorstand Mitglied eines Verwaltungsbeirats sein[101].
Gleiches gilt für Personengesellschaften (KG, oHG, Gesellschaft bürgerlichen Rechts, Partnerschaftsgesellschaften); auch hier können nur die persönlich haftenden Gesellschafter zum Verwaltungsbeirat gewählt werden[102]. Andernfalls wäre auch im Hinblick auf einen (möglichen) ständigen Wechsel der Mitglieder des Verwaltungsbeirats nicht sichergestellt, dass die Hilfs- und vor allem Kontrollfunktion kontinuierlich gewährleistet ist sowie „Interna" innerhalb des Kreises der Wohnungseigentümer verbleiben. Die Personengesellschaft als solche kann nach hier vertretener Auffassung daher nicht Beiratsmitglied sein[103].
Auch ein Insolvenz- bzw. Zwangsverwalter sowie Testamentsvollstrecker sollen als Beirat bestellt werden können, ebenso die Eltern als gesetzliche Vertreter von Kindern, wenn diesen Wohnungseigentum übertragen worden ist[104]. Ob auch Nießbraucher sowie Wohnungs- und Dauerwohnberechtigte als „Nicht-Eigentümer" in den Beirat gewählt werden können, ist umstritten[105].

100 Hügel/Elzer, WEG, 3. Auflage, § 29 Rd. 21; Kümmel, NZM 2003, 303; Lehmann-Richter in Staudinger, WEG, § 29 Rd. 24, wobei die tatsächliche Wahrnehmung durch frei wählbare entsandte Vertreter der juristischen Person ausgeübt wird; in diese Richtung auch Greiner in BeckOKG, WEG, § 29 Rd. 7.

101 Becker in Bärmann, WEG, § 29 Rd. 11 f.

102 OLG Frankfurt, 18.07.1986, 20 W 361/85, OLGZ 1986, 432; OLG Frankfurt, 27.10.1987, OLGZ 1988, 188; Bub, ZWE 2002, 7/10; Drasdo, a. a. O. 45; Schmidt, ZWE 2011, 297 ff.; Spielbauer in Spielbauer/Then, WEG, 3. Auflage 2017, § 29 Rd. 10.

103 Armbrüster, ZWE 2001, 355/356; a. A. Kümmel, NZM 2003, 303/304, nach dessen Auffassung ebenso wie eine Kapitalgesellschaft (AG, GmbH) auch eine Personenhandelsgesellschaft (KG, oHG) zum Beiratsmitglied bestellt und in ihrer Beiratsfunktion durch ihre Geschäftsführer vertreten werden kann; für die GbR ist die Beiratsbestellung aber davon abhängig, ob sie als Außengesellschaft rechtsfähig ist; bei Erben- und Bruchteilsgemeinschaften soll nur die Bestellung eines (jeden) Mitglieds der Gemeinschaft zulässig sein, nicht jedoch der Gemeinschaft selbst.

104 BGH, 14.02.2020, V ZR 159/19, ZWE 2020, 267; Deckert, DWE 2005, 13; Hogenschurz, MietRB 2014, 220 ff.; AG Pinneberg, 30.01.2018, 60 C 21/17, IBRRS 2018, 1979.

105 Bejahend: Becker in Bärmann, WEG, § 29 Rd. 12; ablehnend: Zur Rechtsstellung des Nießbrauchers vgl. BGH, 07.03.2002, V ZB 24/01, FGPrax 2002, 156; Deckert, DWE 2005, 13.

Schreibt die Gemeinschaftsordnung im Übrigen vor, dass ein Mitglied des Beirates Eigentümer eines Teileigentums sein muss, damit auch die Teileigentümer repräsentiert sind, ist die Bestellung eines Beirates ohne Teileigentümer als Mitglied auf Anfechtung hin für ungültig zu erklären[106].
Der Verwalter kann nicht als Verwaltungsbeirat bestellt werden, da hierdurch die Aufgabe der Kontrolle des Verwalters nicht erfüllt werden könnte[107]. Ein entsprechender Bestellungsbeschluss ist nichtig. Der Ausschluss vom Beiratsamt trifft auch den Alleingeschäftsführer einer mit der Verwaltung betrauten GmbH[108]. Auch der zum Verwalter bestellte Wohnungseigentümer kann nicht als Beirat gewählt werden. Ein entsprechender Bestellungsbeschluss ist nichtig[109].

4.2 Anzahl der Verwaltungsbeiräte

Nach bisherigem Recht musste der Verwaltungsbeirat aus drei Wohnungseigentümern bestehen. Eine solche Beschränkung bzw. Festlegung sieht das neue Recht nicht mehr vor. Nach Auffassung des Gesetzgebers wird hierdurch die gewünschte Flexibilität erreicht. Die bisherige Rechtslage wurde dem Bedürfnis der Praxis nicht gerecht, die Zahl der Beiratsmitglieder flexibel durch Beschluss festlegen zu können[110]. § 29 Abs. 1 Satz 1 WEG sieht daher vor, dass die Wohnungseigentümer über die Zahl der Mitglieder des Verwaltungsbeirats frei beschließen können. Diesem Ansatz liegt der Gedanke zugrunde, dass es in kleinen Wohnungseigentumsgemeinschaften häufig nicht erforderlich ist, eine bestimmte Anzahl an Mitgliedern des Verwaltungsbeirats zu bestimmen; zum anderen besteht dort auch die Gefahr, dass sich eine – im Verhältnis der Wohnungseigentümer – hohe Anzahl von Wohnungseigentümern bereit erklärt, das Amt des Verwaltungsbeirats anzutreten. Hingegen kann es bei größeren Wohnungseigentumsanlagen durchaus sinnvoll und zur Entlastung des einzelnen Mitglieds des Verwaltungsbeirats erforderlich sein, eine größere Anzahl von Mitgliedern in den Verwaltungsbeirat zu bestellen. Werden die Aufgaben

106 AG Bielefeld, 24.02.1995, 3 II (WEG) 10/94, n. v.; Deckert, DWE 2005, 13.
107 OLG Frankfurt, 27.10.1987, 20 W 448/86 = OLGZ 1988, 188; OLG Zweibrücken, 22.09.1983, 3 W 76/83, OLGZ 1983, 438; vgl. auch Kapitel 4.4.
108 OLG Zweibrücken, 22.09.1983, 3 W 76/83, OLGZ 1983, 438.
109 OLG Frankfurt, 27.10.1987, 20 W 448/86, OLGZ 1988, 188/189; OLG Zweibrücken, 22.09.1983, 3 W 76/83, OLGZ 1983, 438; Bub, ZWE 2002, 7/10; Becker in Bärmann, WEG, § 29 Rn. 13.
110 BT-Drucks. 19/18791, S. 78; vgl. auch Abschlussbericht der Bund-Länder-Arbeitsgruppe zur Reform des Wohnungseigentumsgesetzes, ZWE 2019, 430, (454).

auf mehreren Schultern verteilt, kann auch die Bereitschaft der Wohnungseigentümer gefördert werden, sich im Verwaltungsbeirat zu engagieren. Ein Anspruch eines einzelnen Wohnungseigentümers auf eine bestimmte Anzahl von Verwaltungsbeiratsmitgliedern besteht nicht.
Wird nur ein Wohnungseigentümer in den Verwaltungsbeirat gewählt, ist er automatisch Vorsitzender des Verwaltungsbeirats[111]. Besteht der Verwaltungsbeirat aus mehreren Mitgliedern, müssen ein Vorsitzender und ein Stellvertreter bestimmt werden. Wer von mehreren Mitgliedern welche Rolle hat, kann entweder durch die Wohnungseigentümer gleich mitbeschlossen werden[112]. Geschieht dies nicht können die gewählten Mitglieder des Verwaltungsbeirats ihrerseits intern festlegen, wer den Vorsitz bzw. die Stellvertretung innehat (vgl. ausführlich Kapitel 5).

4.3 Berufliche oder fachliche Qualifikation nicht Bedingung

Grundsätzlich gilt, dass besondere Anforderungen an die Eignung eines Wohnungseigentümers als Verwaltungsbeirat – im Gegensatz zum „zertifizierten Verwalter"[113] nicht gestellt werden können[114]. Jedenfalls können nicht die gleichen fachlichen Voraussetzungen gefordert werden, wie sie bei der Auswahl und bei der Bestellung des Verwalters zugrunde gelegt werden[115]. Zweckmäßigerweise sollte man den Beirat jedoch nach Eignung „aussuchen", also prüfen, wer von den Eigentümern für die besonderen Beiratsaufgaben geeignet erscheint, so vor allem für die Rechnungsprüfungstätigkeit und den technischen Bereich der Instandhaltung und Instandsetzung. Hier sind entsprechende berufliche Kenntnisse und Erfahrungen mit Sicherheit hilfreich, allerdings nicht zwingende Voraussetzung, um das Beiratsamt verantwortungsvoll auszuüben[116]. Nur wenn schwerwiegende Gründe gegen die Qualifikation eines Wohnungseigentümers als Beiratsmitglied sprechen, kann die Bestellung wegen Verstoßes gegen die Grundsätze ordnungsmäßiger Verwaltung angefoch-

111 BT-Drucks. 19/18791, S. 78.
112 OLG München, 30.05.2016, 34 Wx 17/16, ZWE 2016, 331.
113 § 26 a WEG.
114 KG, 28.01.2004, 24 W 3/02, ZMR 2004, 458.
115 OLG Köln, 30.08.1999, 16 Wx 123/99, NZM 1999, 1155; Sommer, ZWE 2017, 203; OLG Frankfurt, 12.04.2001, 20 W 234/00, NZM 2001, 627.
116 Wolicki, ZWE 2019, 354, wonach lediglich Geschäftsfähigkeit und die Fähigkeit des Lesens und Schreibens erforderlich seien.

ten werden[117]. Die Fähigkeit, die deutsche Sprache nicht fließend zu beherrschen, ist regelmäßig kein schwerwiegender Grund, die Qualifikation des Bewerbers zu verneinen[118]. Handelt es sich um berechtigte Einwände, ist der Bestellungsbeschluss für ungültig zu erklären.
Solche wichtigen Gründe kann man grundsätzlich dann annehmen, wenn von vornherein das notwendige Vertrauensverhältnis als gestört anzusehen ist oder die Zusammenarbeit mit dem Verwaltungsbeirat unzumutbar erscheint[119]. Wer entgeltlich für den WEG-Verwalter als freiberuflicher Berater tätig war, der ist wegen Interessenkollision kein geeignetes Beiratsmitglied[120].
Das fehlende Vertrauen nur einer bestimmten Eigentümergruppe reicht jedoch im Regelfall nicht aus, um die Qualifikation in Frage zu stellen[121]. Auch die Verfolgung eigener Interessen oder die einer Mehrheitsgruppe sowie andauernde Streitigkeiten zwischen einem einzelnen Eigentümer und einem anderen Miteigentümer sind allein noch kein hinreichender Grund, um dem zu wählenden Eigentümer die Eignung als Beirat abzusprechen[122].
So kann auch nicht verlangt werden, dass zwei Beiratsmitgliedern einer bestimmten Mehrheitsgruppe der Eigentümer ein anderer Wohnungseigentümer im gewählten Beirat gegenüber stehen muss[123].
Ebenfalls als nicht ausreichender Grund zur Ablehnung der Bestellung eines Eigentümers als Mitglied des Verwaltungsbeirates zählt die Tätigkeit eines Wohnungseigentümers als Anwalt der Gemeinschaft in einem Verfahren gegen andere Miteigentümer oder den Verwalter[124] oder auch die Absicht eines Eigentümers, seine Wohnung zu verkaufen[125].
Unterlaufen dem Beirat bei seiner Tätigkeit Fehler, ist auch das noch kein Grund, die betreffenden Eigentümer nicht wieder in den Beirat zu wählen, sofern es sich nicht um vorsätzliches Fehlverhalten handelt[126]. Ein Beschluss, der

117 BayObLG, 28.01.2003, 2Z BR 127/02, ZMR 2003, 438; BayObLG, 30.03.1990, 2 Z 22/90, WM 1990, 322.
118 Wolicki, ZWE 2019, 354.
119 OLG Frankfurt, 12.04.2001, 20 W 234/00, NZM 2001, 627.
120 LG Frankfurt/M., 21.10.2015, 2, 13 S 97/12, ZMR 2016, 128; AG Offenbach, 03.01.2018, 310 C 160/16, ZWE 2018, 463; vgl. auch BayObLG, 28.01.2003, 2Z BR 126/02, ZMR 2003, 438; hingegen ist es unerheblich, wenn ein Wohnungseigentümer in seiner Eigenschaft als Rechtsanwalt die übrigen Wohnungseigentümer (nun wohl übertragbar auf die Gemeinschaft der Wohnungseigentümer) in einem Beschlussanfechtungsverfahren vertreten hat, OLG Frankfurt, 12.04.2001, 20 W 234/00, NZM 2001, 627.
121 KG, 28.01.2004, 24 W 3/02, ZMR 2004, 458.
122 KG, 28.01.2004, 24 W 3/02, ZMR 2004, 458; OLG Köln, 30.08.1999, 16 Wx 123/99, NZM 1999, 1156.
123 KG, 28.01.2004, 24 W 3/02, ZMR 2004, 458.
124 OLG Frankfurt, 12.04.2001, 20 W 234/00, NZM 2001, 627.
125 BayObLG, 07.08.2001, 2Z BR 38/01, NZM 2001, 990.
126 KG, 19.07.2004, 24 W 203/02, NZM 2004, 743.

eine persönlich oder fachlich nicht geeignete Person zum Verwaltungsbeiratsmitglied bestimmt, ist nur anfechtbar[127].

4.4 Verwalter kann nicht Beiratsmitglied werden

Der Verwalter der Wohnungseigentumsanlage kann nicht zum Mitglied des Verwaltungsbeirates bestellt werden, selbst wenn er der Gemeinschaft als Wohnungseigentümer angehören sollte[128]. Sinn und Zweck, nämlich die Überwachung des Verwalters, würden hier zu Interessenkonflikten führen. Trotzdem bleibt er bei der Bestellung des Beirates stimmberechtigt[129]. Ein Anspruch auf Teilnahme an den Beiratssitzungen steht dem Verwalter nicht zu.

127 LG Dortmund, 19.11.2013, 1 S 296/12, ZMR 2014, 387.

128 OLG Frankfurt, 27.10.1987, 20 W 448/86, OLGZ 1988, 188; OLG Zweibrücken, 22.09.1983, 3 W 76/83, OLGZ 1983, 438/440; vgl. Kapitel 4.1 am Ende.

129 Armbrüster, ZWE 2001, 355/359.

5. Bestellung und Wahl des Verwaltungsbeirates

Nachdem der Verwaltungsbeirat ein „fakultatives"[130] Organ ist, steht es den Wohnungseigentümern grundsätzlich[131] frei, darüber zu beschließen, ob ein Verwaltungsbeirat eingerichtet werden soll. Über die Bestellung des Verwaltungsbeirates entscheiden die Wohnungseigentümer gemäß § 29 Abs. 1 Satz 1 WEG durch einfachen Mehrheitsbeschluss, wenn nicht die Gemeinschaftsordnung eine andere Mehrheit, gegebenenfalls auch die Zustimmung aller Wohnungseigentümer, vorschreibt[132]. Für die Beschlussfassung gelten die allgemeinen Voraussetzungen, d. h. der Beschluss muss konkret genug gefasst und die erforderliche Mehrheit der Stimmen aufweisen. Um die Verwaltungskompetenz der Wohnungseigentümer zu stärken und sicherzustellen, dass in einer Eigentümerversammlung Beschlüsse gefasst werden können, wurde durch das WEMoG das Beschlussfähigkeitsquorum aufgehoben[133]. Beschlussfähigkeit ist nun unabhängig von der Zahl der vertretenen Miteigentumsanteile stets gegeben. Abweichende Vereinbarungen in der Gemeinschaftsordnung sind möglich. Damit ist jede Eigentümerversammlung beschlussfähig und zwar unabhängig der dort vertretenen Miteigentumsanteile. Folglich können in jeder Eigentümerversammlung wirksam Beschlüsse gefasst werden. Auch der Wohnungseigentümer, der sich für das Amt des Verwaltungsbeirats bewirbt, ist stimmberechtigt.

Der Beschluss der Wohnungseigentümer nach § 29 Abs. 1 Satz 1 WEG erfasst daher sowohl die Frage, ob überhaupt ein Verwaltungsbeirat eingerichtet werden soll, als auch wie viele Wohnungseigentümer und damit auch wer in den Verwaltungsbeirat gewählt wird. Die früher teilweise vertretene Auffassung einer Aufspaltung in getrennte Beschlüsse ist damit obsolet. Als Verwaltungsbeirat gewählt in einer Eigentümerversammlung ist derjenige Wohnungseigentümer, auf den die meisten „Ja"-Stimmen entfallen.

Mindestinhalt eines Beschlusses ist daher

- dass ein Verwaltungsbeirat eingerichtet werden soll („ob")
- wer und damit wie viele Wohnungseigentümer bestellt werden sollen („wie").

---

130 Vgl. Kapitel 3.

131 Zum einklagbaren Anspruch des einzelnen Wohnungseigentümers auf Bestellung eines Verwaltungsbeirats, vgl. Kapitel 3.1.

132 BayObLG, 21.10.1993, 2Z BR 103/93, DWE 1994, 26; 31.03.2004, 2Z BR 11/04, NZM 2004, 586.

133 BT-Drucks. 19/18791, S. 27.

Von diesem Mindestinhalt eines Beschlusses zu unterscheiden ist die Frage, welche Funktion das gewählte Verwaltungsbeiratsmitglied innerhalb des Gremiums Verwaltungsbeirat innehat.
Wird nur ein einziger Wohnungseigentümer in den Verwaltungsbeirat bestellt, so ist dieser automatisch Vorsitzender des Verwaltungsbeirats[134].
Hat der Verwaltungsbeirat hingegen mehrere Mitglieder, ist gemäß § 29 Abs. 1 Satz 2 WEG ein Vorsitzender und ein Stellvertreter zu bestimmen.
Der Vorsitzende und sein Stellvertreter sind primär von der Wohnungseigentümerversammlung selbst zu wählen. Diese können in der Wohnungseigentümerversammlung gleich mitbeschließen, wer von den Mitgliedern den Vorsitz sowie die Stellvertretung erhält[135]. Wegen der Funktion des Vorsitzenden und seines Stellvertreters ist aber eine entsprechende namentliche Benennung erforderlich, die gegebenenfalls auch gegenüber dem Gericht bzw. dem Grundbuchamt nachzuweisen ist.
Die Wohnungseigentümer können es aber auch dem gewählten Beirat überlassen, wer von ihnen den Vorsitz ausübt und wer als Vertreter fungieren soll[136].
Es besteht daher ein klares Rangverhältnis. Zunächst haben es die Wohnungseigentümer selbst in der Hand durch den Beschluss neben der Anzahl auch die Stellung der gewählten Verwaltungsbeiratsmitglieder festzulegen. Beschließen die Wohnungseigentümer nur die Anzahl, nicht jedoch die Stellung der gewählten Verwaltungsbeiratsmitglieder[137], so haben diese sodann im Anschluss die Stellungen selbst durch Wahl festzulegen. Bis zur Festlegung der jeweiligen Stellung ist jedes Mitglied berechtigt, zur ersten „Verwaltungsbeiratssitzung" einzuberufen und über die Stellung zu wählen[138].
Für die Durchführung einer solchen Wahl bestehen keine formalen Voraussetzungen, d. h. es kann entweder durch Handheben oder – soweit dies von einem Mitglied gewünscht wird – auch durch geheime Wahl der Vorsitzende und der Stellvertreter bestimmt werden. Auch ist es nicht notwendig, die Versammlung als Präsenzversammlung auszuführen. Auch jegliche Art von Online-Konferenz ist möglich[139].

134 BT-Drucks. 19/18791, S. 78.
135 OLG München, 30.05.2016, 34 Wx 17/16, ZWE 2016, 331; BT-Drucks. 168/20, S. 97.
136 BT-Drucks. 168/20, S. 87; OLG München, 06.09.2005, 32 Wx 60/05, ZMR 2005, 980; OLG Köln, 29.01.1999, 16 Wx 181/99, NZM 2000, 675; Bub, ZWE 2002, 7/10.
137 Was nicht zur Anfechtbarkeit bzw. Nichtigkeit führt.
138 OLG München, 30.05.2016, 34 Wx 17/16 = ZWE 2016, 331.
139 BT-Drucks. 19/22634, S. 43.

Nachdem § 29 WEG dispositiv ist, kann in der Gemeinschaftsordnung auch vorgesehen sein, dass für die Bestellung des Verwaltungsbeirates die Zustimmung aller Eigentümer oder einer bestimmten Quote erforderlich ist. Ungeachtet dessen ist auch in diesem Fall ein Mehrheitsbeschluss wirksam, wenn er nicht angefochten und folglich nicht für ungültig erklärt wird. Es handelt sich insoweit zwar um einen vereinbarungswidrigen Mehrheitsbeschluss, der aber wegen der den Wohnungseigentümern zur Bestellung grundsätzlich eingeräumten Beschlusskompetenz nicht nichtig, sondern nur anfechtbar ist[140].
Bei der Beschlussfassung sind auch die Wohnungseigentümer, die zum Beirat bestellt werden sollen, stimmberechtigt, selbst der Verwalter, wenn er gleichzeitig auch Wohnungseigentümer ist[141]. Der Stimmrechtsausschluss nach § 25 Abs. 4 WEG findet in diesen Fällen keine Anwendung.
Ob und unter welchen Voraussetzungen eine Blockwahl, nach der bei mehreren Kandidaten die Bewerber mit den meisten Stimmen als gewählt gelten sollen, zulässig sein soll, wird kontrovers diskutiert[142]. Eine Blockwahl ist stets zulässig, wenn dies in der Gemeinschaftsordnung vorgesehen ist[143]. Nach hier vertretener Auffassung ist eine Blockwahl ohne gesonderte Regelung in der Gemeinschaftsordnung grundsätzlich nur dann zulässig, wenn im Rahmen eines Geschäftsordnungsantrages keine Einzelabstimmung gefordert bzw. einer Blockwahl vorher von einzelnen Wohnungseigentümern nicht widersprochen wurde[144]. Kommt bei der „Blockabstimmung" wegen der möglichen Ablehnung eines Bewerbers eine mehrheitliche Beschlussfassung für alle Bewerber nicht zustande, sind damit auch die übrigen Kandidaten nicht bestellt.
Wird andererseits auf – zulässigen – Geschäftsordnungsantrag eines einzelnen Wohnungseigentümers geheim abgestimmt und erreichen auch hier die Kandidaten – oder ein einzelner von ihnen – nicht die einfache Stimmenmehrheit, ist ebenfalls keine im Sinne der gesetzlichen Regelung wirksame Bestellung erfolgt. Stellt allerdings der Verwalter in diesen Fällen ungeachtet der nicht erreichten

140 BayObLG, 28.03.2002, 2Z BR 4/02, NZM 2002, 529.
141 Armbrüster, ZWE 2001, 355/359.
142 Becker in Bärmann, WEG, § 29 Rd. 19a m. w. N.; Lehmann-Richter in Staudinger, § 29 Rd. 10 m. w. N.; stets zulässig: OLG Hamburg, 28.01.2005, 2 Wx 44/04, ZMR 2005, 395; Lehmann-Richter in Staudinger, WEG, § 29 Rd. 10.
143 Drasdo, ZMR 2005, 596; zur grundsätzlichen Unzulässigkeit wegen Unvereinbarkeiten mit demokratischen Grundprinzipien: LG Düsseldorf, 06.05.2004, 19 T 42/04, NZM 2004, 468; a. A. LG Schweinfurt, 28.07.1997, 44 T 79/97, WM 1997, 641; offen gelassen von KG, 28.01.2004, 24 W 3/02, unter Hinweis auf BGH, 21.07.2003, II ZR 109/02, NZM 2003, 997, dort zur Blockwahl in der Hauptversammlung einer Aktiengesellschaft; Blockwahl sei nur dann zulässig, wenn für jedes Mitglied die einfache Stimmenmehrheit ermittelt werden könne, so Becker in Bärmann, WEG, § 29 Rd. 19 a.
144 KG, 29.03.2004, 24 W 194/02, NJW-Spezial 2005, 4; OLG Hamburg, 28.01.2005, 2 Wx 44/04, NJOZ 2005, 1444; zustimmend auch Deckert, DWE 2005, 13; Hogenschurz, MietRB 2014, 220.

mehrheitlichen Beschlussfassung fest, dass der Beirat wirksam bestellt ist, hat diese Feststellung konstitutive Wirkung. Der Beschluss erwächst in Bestandskraft, wenn er nicht angefochten und folglich nicht für ungültig erklärt wird. Wird der Verwaltungsbeirat durch Blockwahl bestellt, kann nicht die Bestellung eines einzelnen Beirates angefochten werden. Es muss vielmehr der Beschluss über die Blockwahl und damit über die Bestellung aller Beiratsmitglieder angefochten und gegebenenfalls für ungültig erklärt werden[145].
Sprechen wichtige Gründe bzw. schwerwiegende Umstände gegen die Bestellung eines Wohnungseigentümers zum Beiratsmitglied, beispielsweise wegen fehlenden Vertrauens in die zu wählende Person, ist der Bestellungsbeschluss auf Anfechtung hin für ungültig zu erklären[146]. Nicht von vornherein als wichtiger Grund gelten häufige oder dauernde Streitigkeiten mit einem Wohnungseigentümer[147]. Selbst Hausgeldrückstände oder sonstige gröbliche Verstöße gegen Pflichten nach § 14 Abs. 1 und 2 WEG, die eine Entziehung des Wohnungseigentums nach § 17 WEG rechtfertigen könnten, sind nicht von vornherein ein Hindernis für die Bestellung des säumigen Eigentümers zum Verwaltungsbeirat[148]. Streitigkeiten über die Bestellung des Verwaltungsbeirates fallen ebenso wie andere Streitigkeiten, die mit der Stellung des Verwaltungsbeirates zusammenhängen, nicht unter den Versicherungsschutz des § 29 der Allgemeinen Bedingungen für die Rechtsschutzversicherungen (ARB)[149].
Allein die Wahl führt noch nicht dazu, dass ein Wohnungseigentümer Verwaltungsbeirat wird. Vielmehr bedarf es noch der Annahme der Bestellung durch den Wohnungseigentümer[150]. Dies kann durch Abschluss eines Beiratsvertrags erfolgen bzw. in der Praxis häufig durch schlichte Erklärung des Wohnungseigentümers auch gegenüber dem Verwalter als Vertreter der Gemeinschaft der Wohnungseigentümer, dass er die Bestellung annimmt. Neben dem Bestellungsbeschluss tritt daher noch ein schuldrechtliches Rechtsverhältnis des Verwaltungsbeirats zur Gemeinschaft der Wohnungseigentümer, welches aufgrund der Unentgeltlichkeit des Amtes als Auftrag zu bewerten ist[151]. Dieser Vertrag kommt regelmäßig stillschweigend zustande und zwar zwischen dem jeweils einzelnen Verwaltungsbeiratsmitglied und der Gemeinschaft der Wohnungseigentümer, diese vertreten durch den Verwalter, § 9 b Abs. 1 WEG.

145 LG Kiel, 20.01.2006, 3 T 428/05, n. v.
146 BayObLG, 30.03.1990, 2 Z 22/99, WM 1990, 322; OLG Frankfurt, NZM 2001, 627.
147 OLG Köln, 30.08.1999, 16 Wx 123/99, NZM 1999, 1155.
148 LG Baden-Baden, 12.02.2009, 3 T 87/07, m. krit. Anm. Abramenko, ZMR 2009, 474; vgl. auch Kapitel 4.3.
149 AG Berlin-Charlottenburg, 13.10.1988, 17 C 471/88, n. v.
150 BGH, 17.01.2019, V ZB 121/18, NZM 2019, 341.
151 Dötsch/Schultzky/Zschieschack, WEG-Recht 2021, Kapitel 11 Rd. 19.

6. Amtszeit des Verwaltungsbeirates

Eine Befristung der Amtstätigkeit des Verwaltungsbeirates oder eine automatische Beendigung nach einer bestimmten Zeit, gleich oder ähnlich der des Verwalters auf maximal fünf bzw. drei Jahre bei Erstbestellung, sieht das Wohnungseigentumsgesetz für die Dauer der Amtstätigkeit des Verwaltungsbeirates nicht vor.

Es ist daher den Wohnungseigentümern überlassen, ob sie von vornherein mit der Bestellung über eine bestimmte Dauer der Beiratstätigkeit beschließen oder ob die Bestellung unbefristet erfolgt[152]. Von einer unbefristeten Bestellung ist immer dann auszugehen, wenn eine zeitliche Beschränkung nicht vorgenommen wurde[153]. In diesem Fall bleibt der Verwaltungsbeirat auf unbestimmte Zeit bestehen[154]. Gerade bei der Erstbestellung erscheint allerdings eine Begrenzung der Amtsperiode auf zunächst ein oder zwei Jahre sinnvoll. Bei „Bewährung" kann dann ohne weiteres eine Wiederbestellung oder Verlängerung beschlossen werden.

Nachdem es den Wohnungseigentümern freisteht, die Anzahl des Verwaltungsbeirats festzulegen, bedarf es in der Praxis auch nicht mehr zwingend der Wahl eines „Ersatzmitglieds". Scheidet ein Verwaltungsbeirat von mehreren aus, hat dies zunächst grundsätzlich keine Folgen für die Tätigkeit der anderen Verwaltungsbeiratsmitglieder. Scheidet z. B. ein Verwaltungsbeiratsmitglied aus, der weder den Vorsitz noch die Stellvertretung innehat, muss kein neues Mitglied gewählt werden. Selbstverständlich steht es den Wohnungseigentümern aber frei, hier die „Stelle" wieder neu zu besetzen. Eine Pflicht hierzu besteht jedoch nicht.

Scheidet hingegen der Vorsitzende des Verwaltungsbeirats aus, so rückt der Stellvertreter nur dann automatisch in die Rolle des Vorsitzenden auf, wenn es keine weiteren Mitglieder im Verwaltungsbeirat gibt und die Wohnungseigentümer keinen anderweitigen Beschluss fassen. Sind jedoch neben dem Stellvertreter auch noch weitere Mitglieder in den Verwaltungsbeirat gewählt, können wiederum primär die Wohnungseigentümer den Vorsitzenden bestimmen; geschieht dies nicht, können die Mitglieder des Verwaltungsbeirats Ihrerseits durch Wahl den Vorsitzenden bestimmen.[155]

152 Deckert, DWE 2005, 12/14.
153 Gottschalg, a. a. O. Rn. 34 zur Bestellung unter der aufschiebenden Bedingung.
154 BGH, 17.01.2019, V ZB 121/18, ZWE 2019, 329.
155 Vgl. Kapitel 5.

Für die Durchführung einer solchen Wahl bestehen keine formalen Voraussetzungen, d. h. es kann entweder durch Handheben oder – soweit dies von einem Mitglied gewünscht wird – auch durch geheime Wahl der Vorsitzende und der Stellvertreter bestimmt werden. Eine Präsenzversammlung ist nicht vorgeschrieben. Es können auch Online-Konferenzen etc. durchgeführt werden[156].

Sinnvoll kann es auch weiter sein, bei der Bestellung des Verwaltungsbeirates ein oder mehrere Ersatzmitglieder zu bestellen, die im Falle des Ausscheidens einzelner Mitglieder „nachrücken" können[157]. In diesem Fall können die Verwaltungsbeiratsmitglieder wiederum selbständig die jeweilige Stellung festlegen. Diese „Nachrücker" können ihre Funktion als Beiratsmitglied allerdings erst dann aufnehmen, wenn ein gewähltes ordentliches Beiratsmitglied ausscheidet oder auch möglicherweise das Amt niederlegt. Bei einer derartigen Wahl von Ersatzmitgliedern muss jedoch im Beschluss die Reihenfolge des Nachrückens bestimmt werden, wobei die Nachrücker auch den einzelnen Beiratsmitgliedern „zugeordnet" sein können. Geschieht dies nicht, ist der Beschluss anfechtbar. Die Bestellung zum Ersatzmitglied bedeutet allerdings nicht, dass sie in diesem Fall das bestellte und noch im Amt befindliche Mitglied vertreten können. Unabhängig hiervon sind die verbleibenden Beiratsmitglieder weiterhin im Amt. Das Ausscheiden eines Verwaltungsbeirats ändert nichts an dem Amt der anderen Beiräte[158].

156 BT-Drucks. 19/22634, S. 43.
157 Bub, ZWE 2002, 7; kritisch Deckert, DWE 2005, 12/14 mit Hinweis auf BayObLG 23.12.2003, ZMR 2004, 358.
158 Vgl. Kapitel 3.1 und 7.

7. Beendigung der Tätigkeit als Verwaltungsbeirat

Das Amt als Beiratsmitglied endet automatisch mit

- dem Ablauf des Bestellungszeitraums,
- dem Wegfall der persönlichen Voraussetzungen,
- der Abberufung durch Beschluss der Wohnungseigentümer[159] oder
- durch Amtsniederlegung.

7.1 Ablauf des Bestellungszeitraums

Der Verwaltungsbeirat kann befristet oder unbefristet bestellt werden[160]. Das Gesetz sieht eine Befristung wie bei der Verwalterbestellung – trotz inzwischen jederzeitigen Abberufungsmöglichkeit[161] – nicht vor. Sie ist aber zulässig und in der Praxis sehr empfehlenswert, um unnötigen Streit über eine Beendigung zu vermeiden und Befindlichkeiten beim „abgewählten" Mitglied zu verhindern. Dies gilt zumindest bei neuen Gemeinschaften, wenn sich die Eigentümer noch nicht kennen. Erfolgt die Bestellung für einen bestimmten Zeitraum, endet die Tätigkeit als Beirat auch ohne Abberufung mit Zeitablauf. Eines Beschlusses bedarf es in diesem Fall nicht mehr.

7.2 Wegfall der persönlichen Voraussetzungen

Fallen die persönlichen Voraussetzungen weg, beispielsweise durch Ausscheiden aus der Gemeinschaft der Wohnungseigentümer (z. B. Grundbuchänderung im Zuge des Verkaufs der Eigentumswohnung), erlischt das Amt als Beiratsmitglied[162]. Ein automatisches Wiederaufleben der Beiratstätigkeit durch erneuten Wiedereintritt in die Gemeinschaft erfolgt nicht[163]. Im Falle der Wahl eines Beiratsmitgliedes zum Verwalter fallen die Voraussetzungen zur weiteren

159 Sogenannte gewillkürte Beendigung, vgl. dazu Armbrüster, JuS 2000, 568.
160 OLG Köln, 24.11.1999, 16 Wx 158/99, NZM 2000, 193; vgl. Kapitel 6.
161 § 26 Abs. 3 WEG.
162 BayObLG, 05.11.1992, 2Z BR 77/92, BayObLGZ 1992, 336 = DWE 1992, 23 = ZMR 1993, 128; Deckert, DWE 2005, 12/14.
163 BayObLG, 05.11.1992, 2Z BR 77/92, BayObLGZ 1992, 336 = DWE 1992, 23 = ZMR 1993, 128.

Ausübung der Beiratstätigkeit wegen der damit eintretenden Interessenkollision weg. Das Amt des Verwalters ist von Gesetzes wegen mit der Mitgliedschaft im Verwaltungsbeirat unvereinbar und endet deshalb mit der Verwalterbestellung automatisch.
Zur Beendigung der Beiratstätigkeit führen weiter Geschäftsunfähigkeit und Tod des Mitgliedes[164].

7.3 Abberufung des Verwaltungsbeirates

Die Abberufung des Verwaltungsbeirates in seiner Gesamtheit wie auch einzelner Mitglieder kann durch mehrheitliche Beschlussfassung[165] in entsprechender Anwendung von § 671 Abs. 1 BGB jederzeit auch ohne Angabe von Gründen erfolgen, bei befristeter Bestellung auch vor Ablauf der Amtszeit[166].
Sie muss allerdings ordnungsmäßig in der Einladung zur Wohnungseigentümerversammlung als Tagesordnungspunkt ausgewiesen sein und dem betroffenen abzuberufenden Mitglied gegenüber erklärt werden. In der Bestellung eines neuen (Gesamt-)Verwaltungsbeirats[167] wird man auch die Abberufung des bisherigen Verwaltungsbeirats sehen müssen[168]. Ein Antrag auf gerichtliche Abberufung der Mitglieder eines Verwaltungsbeirates ist ohne vorherige Anrufung der Wohnungseigentümerversammlung jedoch dann zulässig, wenn feststeht, dass ein entsprechender Antrag keine Mehrheit in der Versammlung findet und deshalb abgelehnt werden würde[169].
Die Gemeinschaftsordnung kann jedoch hiervon abweichende Vereinbarungen vorsehen; zum anderen ist es möglich, dass die Wohnungseigentümer nach § 19 Abs. 1 WEG beschließen, dass eine Abberufung z. B. nur aus wichtigem Grund möglich ist[170].

164 Zur weiteren Begründung vgl. auch Bub, ZWE 2002, 7.
165 OLG München, 28.09.2006, 32 Wx 115/06, NZM 2007, 132 = IBRS 2006, 4104; AG Düsseldorf, 03.09.2014, 291 a C 2476/14, ZWE 2015, 464.
166 OLG Hamm, 18.01.1999, 15 W 77/98, NZM 1999, 227; OLG Köln, 24.11.1999, 16 Wx 158/99, NZM 2000, 193; LG Nürnberg-Fürth, 15.01.2001, 14 T 7427/99, ZMR 2001, 746; Armbrüster, ZWE 2001, 412/413; Bub, ZWE 2002, 7.
167 Zum Ausscheiden einzelner Verwaltungsbeiratsmitglieder vgl. Kapitel 3.1 und 6.
168 OLG München, 28.09.2006, 32 Wx 115/06, NZM 2007, 132.
169 OLG München, 28.09.2006, 32 Wx 115/06, NZM 2007, 132 = IBRS 2006, 4104 n. v., dort auch zu wichtigen Gründen, die zu jeder Zeit die Abberufung als begründet erscheinen lassen.
170 OLG Hamm, 18.01.1999, 15 W 77/98, ZMR 1999, 280.

7.4 Amtsniederlegung jederzeit möglich – nicht aber zur Unzeit

Ebenso wie eine jederzeitige Abberufung ohne Begründung durch mehrheitliche Beschlussfassung möglich ist, kann auch das Beiratsmitglied sein Amt ohne Angabe von Gründen zu jedem Zeitpunkt entsprechend § 671 Abs. 2 BGB niederlegen[171].

Die Mitgliedschaft endet in diesem Fall mit dem Zugang der Erklärung an den Verwalter als gesetzlichen Vertreter der Gemeinschaft der Wohnungseigentümer[172].

Allerdings darf diese Amtsniederlegung nicht zur Unzeit erfolgen[173], beispielsweise gleichzeitig mit dem Termin einer Wohnungseigentümerversammlung, bei der über die vom Beirat zu prüfende Jahresabrechnung Beschluss über die Vorschüsse gefasst werden soll.

Wird nur ein einzelnes Beiratsmitglied abberufen oder legt nur einer der Verwaltungsbeiräte sein Amt nieder, so verliert der Verwaltungsbeirats eine Funktion nicht, sondern bleibt bis zur Abberufung oder Neubestellung im Amt[174].

Gleiches gilt, wenn mehrere Verwaltungsbeiräte gleichzeitig oder kurz nacheinander ausscheiden[175]. Verbleibt nur noch ein Verwaltungsbeirat, wird dieser automatisch Vorsitzender des Verwaltungsbeirats.

171 KG, 08.01.1997, 24 W 7947/95, ZMR 1997, 544; Armbrüster, ZWE 2001, 412/413; Deckert, DWE 2005, 12/14.

172 § 9 b Abs. 1 WEG; Becker in Bärmann, WEG, § 29 Rn. 31.

173 BayObLG, 05.11.1992, 2Z BR 77/92, ZMR 127.

174 § 29 Abs. 1 WEG; zum alten Recht: Für das Weiterbestehen des Beirates auch nach dem Ausscheiden eines Mitgliedes durch Amtsniederlegung, Tod oder Ausscheiden aus der Gemeinschaft vgl. Becker in Bärmann, WEG, § 29 Rn. 17; Armbrüster, ZWE 2001, 355/356; OLG Düsseldorf, DWE 1990, 148; BayObLG, 16.06.1988, 2 Z 46/88, WE 1989, 106.

175 OLG München, 06.09.2005, 32 Wx 60/05, ZWE 2006, 31.

8. Wie regelt der Beirat seine Angelegenheiten?

Der Beirat regelt die ihm nach Gesetz, Gemeinschaftsordnung oder Auftrag erteilten Aufgaben zweckmäßigerweise nach einer von ihm selbst oder von den Wohnungseigentümern beschlossenen Geschäftsordnung. Sie sollte insbesondere Einberufung, Vorsitz, Beschlussfähigkeit, Stimmrecht, Beschlussfassung und Niederschrift der Beschlüsse regeln[176].

8.1 Beiratsvorsitzender lädt zur Beiratssitzung ein und hat den Vorsitz

Zu den Beiratssitzungen lädt der Vorsitzende gemäß § 29 Abs. 1 Satz 3 WEG „nach Bedarf" ein. Vorgaben hierzu bestehen im Gesetz nicht. In der Gemeinschaftsordnung können abweichende Vereinbarungen bestehen; gleichfalls wäre es möglich, dass die Wohnungseigentümer hier eine entsprechende Geschäftsordnung für den Verwaltungsbeirat beschließen.
Auch ohne Regelung bietet es sich im Regelfall an, die auch nach dem Wohnungseigentumsgesetz übliche Einladungsfrist von drei Wochen (§ 24 Abs. 4 WEG) oder eine davon abweichend vereinbarte Mindestfrist einzuhalten. Wegen der Pflicht zur Prüfung der Jahresabrechnung ist im Regelfall von mindestens einer Sitzung während des Jahres auszugehen[177]. Weigert sich der Vorsitzende oder ist er verhindert, so steht dem Stellvertreter das Einberufungsrecht zu. Soweit ein „Bedarf" besteht, wird man aber auch jedem Mitglied des Verwaltungsbeirats den Anspruch einräumen müssen, eine Einberufung zu verlangen[178].
Beschlussfähig ist der Beirat mit der Mehrheit seiner Mitglieder, wobei in der Praxis tunlichst versucht werden sollte, Beiratssitzungen in der vollständigen Besetzung durchzuführen, wenn nicht wichtige Gründe kurzfristige Entscheidungen notwendig machen. Aus diesem Grunde ist bei der Bestimmung der Sitzung auch auf die Interessen der anderen Mitglieder Rücksicht zu nehmen.

176 Gottschalg, a. a. O., Rn. 333; zum Muster eines Beiratsstatuts vgl. Armbrüster, ZWE 2001, 463, wobei das Statut noch auf die alte Rechtslage abstellt und angepasst werden muss.
177 LG Hamburg, 29.12.2010, 318 S 120/10, BeckRS 2011, 16516; Gottschalg, a. a. O., Rn. 327; Becker in Bärmann, WEG, § 29 Rn. 40; Armbrüster, ZWE 2001, 463, m. w. N.
178 Becker in Bärmann, WEG, § 29 Rn. 39 f.; Lehmann-Richter in Staudinger, WEG, § 29 Rd. 33.

Dies bedeutet aber auch, dass Sitzungen vor 18 Uhr zu vermeiden sind, um die Teilnahmemöglichkeit der anderen Mitglieder zu gewährleisten.
Eine bestimmte Form für die Einladung ist ebenfalls nicht durch das Gesetz vorgeschrieben. Es kann daher mündlich, in Textform oder schriftlich eingeladen werden. Maßgebend ist, dass die Information aller Beiräte sichergestellt ist.
Der Vorsitzende des Verwaltungsbeirats lädt ein. Er bestimmt auch den Ort der Zusammenkunft, soweit eine Präsenzversammlung stattfinden soll. Soll eine virtuelle Sitzung durchgeführt werden, ist derzeit noch ungeklärt, unter welchen Bedingungen dies zulässig ist. Einerseits kann man darauf abstellen, dass dies nur im Einvernehmen der anderen Beiratsmitglieder möglich ist[179]; andererseits wird in entsprechender Anwendung des § 108 Abs. 4 AktG darauf abgestellt, dass dies bereits dann möglich ist, soweit kein Widerspruch eines Beiratsmitglieds vorliegt[180]. Bei der ersten Lösung müssen alle Beiratsmitglieder explizit „Ja"-Sagen, bei der „Widerspruchslösung" ist die virtuelle Versammlung möglich, wenn keiner der Beiratsmitglieder bis zur Sitzung widerspricht. Zur Vermeidung einer Rechtsunsicherheit sollte daher bereits im Vorfeld z. B. über einen Geschäftsordnungsbeschluss mehrheitlich festgelegt werden, dass der Sitzungsleiter (i. d. R. der Vorsitzende) berechtigt ist, ohne weitere Vorbefassung der anderen Beiräte auch zu einer virtuellen Sitzung einzuladen. Bevor der Sitzungsleiter jedoch von dieser Ermächtigung Gebrauch macht, muss er sicherstellen, dass alle Beiräte über die erforderliche Technik zur virtuellen Sitzung auch tatsächlich verfügen. In jedem Fall muss sichergestellt sein, dass die technische Auswahl nicht dazu führt, das Teilnahmerecht des jeweiligen Beirats auszuschließen.
Den Vorsitz, d. h. die Sitzungsleitung, wird üblicherweise der Vorsitzende des Verwaltungsbeirates führen.

8.2 Kein Teilnahmerecht für Verwalter und Eigentümer

Der Verwalter kann zu den Sitzungen hinzugezogen werden. Er hat aber weder einen Anspruch auf Einberufung einer Beiratssitzung, noch kann er eine Teilnahme erzwingen[181].

179 Zum alten Recht: Lehmann in Staudinger, WEG, § 29 Rd. 29.
180 Dötsch/Schultzky/Zschieschack, WEG-Recht 2021, Kapitel 11 Rd. 61.
181 Armbrüster, ZWE 2001, 355/359; ZWE 2001, 463.

Auch die Wohnungseigentümer der Gemeinschaft haben keinen Anspruch auf Einberufung, Teilnahme oder Hinzuziehung zu den Beiratssitzungen[182].

8.3 Beschluss und Beschlussprotokolle

Über die Beschlüsse oder die Beratungsgegenstände sollte ein Protokoll verfasst und aus Haftungsgründen von allen Teilnehmern der Beiratssitzung unterzeichnet werden[183]. Eine Niederschrift ist zwar gesetzlich nicht vorgeschrieben, jedoch grundsätzlich sinnvoll. Die Niederschrift ist vom Vorsitzenden zu unterzeichnen und allen Mitgliedern des Verwaltungsbeirats eine Abschrift auszuhändigen.

Ausreichend sind Mehrheitsbeschlüsse nach Kopfzahl[184]. Entsprechend §§ 25 Abs. 1, 19 Abs. 1 WEG müssen mehr „JA-" als „Nein"-Stimmen vorhanden sein[185]. Enthaltungen gelten auch hier nicht als „Nein-Stimmen". Bei einer (möglichen) Interessenkollision besteht entsprechend § 25 Abs. 4 WEG kein Stimmrecht des betroffenen Mitglieds. Die Beschlussfassung unterliegt keiner besonderen Form, kann also durch einfache Handzeichen oder Zuruf erfolgen[186]. Stimmt ein Mitglied einem Beschluss des Verwaltungsbeirates nicht zu, sollte dies in der Beschlussniederschrift festgehalten und der Gemeinschaft der Wohnungseigentümer mitgeteilt werden. Andernfalls haftet auch das nicht zustimmende bzw. das widersprechende Beiratsmitglied im Falle möglicher Fehlentscheidungen[187]. Sieht ein Beschluss der Wohnungseigentümer die Zustimmung „des Verwaltungsbeirates" zu einer bestimmten Maßnahme vor, reicht die Zustimmung des Vorsitzenden des Verwaltungsbeirates und nur dessen Unterschrift allein nicht aus. Erforderlich ist vielmehr eine Willensbildung des gesamten Beirates[188].

Beschlüsse und Entscheidungen des Beirates können auch im schriftlichen Verfahren durch Einzelerklärungen eines jeden Beiratsmitgliedes gefasst bzw. getroffen werden. Auch eine Abgabe des Willens auf elektronischem Wege oder

182 Armbrüster, ZWE 2001, 463 dort auch zum Haftungsrisiko des Beirates bei Versagung der dem Beirat übertragenen Veräußerungszustimmung und einem deshalb geltend gemachten Schadensersatzanspruch; zur Haftung vgl. zudem Kapitel 11.

183 Gottschalg, a. a. O. Rn 333.

184 OLG Zweibrücken, 10.06.1987, 3 W 53/87, NJW-RR 1987, 1366; Armbrüster, JuS 2002, 569; Gottschalg, a. a. O., Rn. 332; Bub, ZWE 2002, 7 ff.

185 OLG Düsseldorf, 02.07.2019, 23 U 205/18, ZWE 2020, 71.

186 BT-Drucks. 19/22634, S. 43.

187 Armbrüster, JuS 2002, 569; ders. in ZWE 2001, 463/464; Gottschalg, a. a. O., Rn. 334.

188 BayObLG, 28.03.2002, 2Z BR 4/02, ZWE 2002, 405/407 = NZM 2002, 529; LG Hamburg, 29.12.2010, 318 S 120/10, ZMR 2011, 497.

während einer Telefonkonferenz (virtuelle Sitzung) ist möglich[189]; teilweise wird hier jedoch gefordert, dass kein Verwaltungsbeiratsmitglied dieser virtuellen Sitzung widersprochen hat[190]. In jedem Fall muss hierüber aber ein mehrheitlicher Beschluss durch den Verwaltungsbeirat gefasst werden. Die Festlegung der Art der Durchführung obliegt nicht nur dem Vorsitzenden. Die Willenserklärung muss nicht zwingend in einer Versammlung des Verwaltungsbeirates, sondern kann mangels gesetzlicher Vorgaben auch außerhalb einer solchen erfolgen. Wird ein fehlerhafter Beschluss durch das Organ Verwaltungsbeirat gefasst, ist dieser aufgrund seiner bloßen Innenwirkung nicht gemäß § 44 WEG anfechtbar[191]. Es besteht jedoch die Möglichkeit auf gerichtliche Feststellung nach § 256 ZPO[192].

8.4 Beiratsamt ist nicht übertragbar

Da es sich bei der Beiratstätigkeit um ein höchstpersönliches und nicht übertragbares Amt handelt, das im Regelfall als Ehrenamt ausgeübt wird, kann sich ein Beiratsmitglied gemäß § 664 Abs. 1 Satz 1 BGB in der Ausübung seines Amtes nicht vertreten lassen[193]. Deshalb kann das Beiratsamt als solches und damit auch das Stimmrecht im Beirat nicht auf Dritte übertragen werden[194]. Allerdings kann durch eine Vereinbarung eine abweichende Regelung getroffen werden, wonach dem Beiratsmitglied gestattet werden kann, einzelne seiner Aufgaben auf Dritte zu übertragen[195]. Selbst ein Mehrheitsbeschluss wird für ausreichend und zulässig erachtet[196]. Damit wird er aber nicht aus der persönlichen Haftung für die pflichtgemäße Erfüllung seiner Aufgaben entlassen.

189 Lehmann-Richter in Staudinger, WEG 2018, § 29 Rd. 70.
190 Dötsch/Schultzky/Zschieschack, WEG-Recht 2021, Kapitel 11 Rd. 61 vgl. auch Kapitel 8.1.
191 BT-Drucks. 19/18791, S. 80.
192 Zum Aufsichtsrat: BGH, 17.07.2012, II ZR 55/11, DNotZ 2013, 65.
193 Armbrüster, ZWE 2001, 463/464, m. w. N.
194 Becker in Bärmann, WEG, § 29 Rn. 45; Bub, ZWE 2002, 7/9; Gottschalg, a. a. O. Rn. 33; BGHZ 85, 293.
195 Gottschalg, a. a. O., Rn. 331
196 Gottschalg, a. a. O., Rn. 331 mit Hinweis auf Becker in Bärmann, WEG, § 29 Rn. 45.

9. Welche Aufgaben hat der Verwaltungsbeirat?

Die Tätigkeit des Verwaltungsbeirates richtet sich zunächst nach den gesetzlichen und den in der Gemeinschaftsordnung geregelten Pflichten.
Weiter ist es den Wohnungseigentümern im Rahmen ihrer Beschlusskompetenz freigestellt, dem Verwaltungsbeirat weitere Aufgaben im Rahmen ordnungsmäßiger Verwaltung durch mehrheitliche Beschlussfassung zu übertragen, soweit damit nicht in die ausschließlich dem Verwalter bzw. den Wohnungseigentümern obliegenden Rechte und Pflichten eingegriffen wird[197]. Aus diesem Grund widersprechen inhaltlich unbestimmte Beschlüsse, die in das gesetzliche Kompetenzgefüge zwischen Beirat und Gemeinschaft der Wohnungseigentümer eingreifen, grundsätzlich ordnungsmäßiger Verwaltung und sind deshalb unzulässig[198].
In beiden Fällen nimmt der Verwaltungsbeirat die ihm übertragenen Aufgaben nach den Grundsätzen eines unentgeltlichen Geschäftsbesorgungsvertrages wahr[199]. Die pflichtgemäße Erfüllung der Aufgaben richtet sich insoweit nach allgemeinem Auftragsrecht gemäß § 662 ff. BGB. Anderes gilt für den Fall, dass es sich um eine entgeltliche Geschäftsbesorgung mit Dienstvertragscharakter gemäß §§ 675, 611 ff. BGB handelt.
Mit Blick auf die gesetzliche Regelung der Vollrechtsfähigkeit[200] der Gemeinschaft der Wohnungseigentümer handelt es sich bei dem Vertragsverhältnis um einen Vertrag zwischen Beirat und Gemeinschaft der Wohnungseigentümer.
Der Beirat nimmt in erster Linie im Zusammenhang mit der Prüfung von Wirtschaftsplan und Jahresabrechnung Aufgaben wahr, die die Verwaltung des gemeinschaftlichen Eigentums im Hinblick auf das Gemeinschaftsvermögen betreffen. Insoweit wird der Verwaltungsbeirat in diesem Rahmen ausschließlich für die Gemeinschaft der Wohnungseigentümer als Inhaberin des Gemeinschaftsvermögens tätig.
Grundsätzlich bleibt jedoch zu beachten, dass die Aufgaben und Befugnisse dem Beirat in seiner Gesamtheit, nicht aber seinen einzelnen Mitgliedern zugewiesen sind.

197 LG Itzehoe, 01.07.2014, 11 S 10/13, ZMR 2014, 915; LG München I, 10.11.2008, 1 T 4472/08, ZMR 2009, 298.
198 AG Oberhausen, 13.07.2004, 10 II 32/04 n. v.; Sommer, IMR 2019, 88.
199 Deckert, DWE 2005, 12/14, dort auch zur Trennung zwischen organschaftlichem Beschluss und unterstellt stillschweigender Annahme des Auftrages.
200 Vgl. Kapitel 2.1.

9.1 Gesetzliche Aufgaben

Die dem Verwaltungsbeirat vom Gesetz zugewiesenen Aufgaben betreffen

- das Recht zur Einberufung der Wohnungseigentümerversammlung (§ 24 Abs. 3 WEG),
- die Unterzeichnung der Beschlussniederschriften (§ 24 Abs. 6 Satz 2 WEG),
- die Prüfung des Wirtschaftsplans und der Jahresabrechnung (§ 29 Abs. 2 WEG),
- die Unterstützung des Verwalters bei der Durchführung seiner Aufgaben (§ 29 Abs. 2 WEG), und
- die Überwachung des Verwalters bei der Durchführung seiner Aufgaben (§ 29 Abs. 2 WEG).

9.1.1 Prüfungspflichten

Zur zweifellos wichtigsten und verantwortungsvollsten Aufgabe des Verwaltungsbeirats zählt die ihm nach § 29 Abs. 2 WEG obliegende Prüfung der Abrechnung, die der Verwalter nach Ablauf eines Kalender- oder Wirtschaftsjahres aufzustellen und der Wohnungseigentümerversammlung zur Beschlussfassung vorzulegen hat. Gemäß § 29 Abs. 2 WEG sollen der Wirtschaftsplan die Einzelwirtschaftspläne, die Abrechnung über den Wirtschaftsplan und die Einzelabrechnungen vom Verwaltungsbeirat geprüft und mit dessen Stellungnahme versehen werden, bevor über diese von den Wohnungseigentümern beschlossen wird. Hierdurch soll das Risiko einer fehlerhaften Abrechnung reduziert werden, da in der Praxis die Wohnungseigentümer regelmäßig vor Beschlussfassung den Zahlen des Verwalters als Vertreter der Gemeinschaft der Wohnungseigentümer blindlings vertrauen bzw. diesen keiner Prüfung unterziehen.
Die Wohnungseigentümer sind allerdings nicht verpflichtet, den Empfehlungen des Verwaltungsbeirates zu folgen. Das bedeutet, dass sie die Jahresabrechnung des Verwalters auch dann genehmigen können, wenn der Verwaltungsbeirat eine ablehnende Stellungnahme abgegeben hat[201] oder gar nicht geprüft hat. Das Wort „sollen“ stellt lediglich klar, dass weder die Pflicht zur Prüfung noch die Pflicht zur Stellungnahme Voraussetzung für die Wirksamkeit der Jahresabrechnung ist. Haben sich bei der Prüfung der Jahresabrechnung Mängel herausgestellt, hat der Verwaltungsbeirat allerdings, weil es sich um eine

201 LG Berlin, 19.04.2013, 55 S 170/12 WEG, DWE 2014, 100.

Angelegenheit der Verwaltung des Gemeinschaftsvermögens handelt, die Gemeinschaft der Wohnungseigentümer hierüber zu informieren[202]. Das Gleiche gilt für den Wirtschaftsplan.
Nicht mehr vom gesetzlichen Aufgabenbereich des Verwaltungsbeirats erfasst sind die ursprünglich noch im Gesetz genannten Rechnungslegungen und Kostenvoranschläge. Soweit Rechnungen und Kostenanschläge jedoch als Grundlage für die Erstellung des Wirtschaftsplans oder der Jahresabrechnung dienen, „sind sie unverändert Gegenstand der Prüfung durch den Verwaltungsbeirat. Eine darüber hinausgehende Prüfung dieser Zahlenwerke durch den Verwaltungsbeirat ist zum einen praktisch nicht von Relevanz; sie könnte zum anderen auch zu einer Überlastung des Verwaltungsbeirats mit der Konsequenz führen, interessierte Wohnungseigentümer von einer Mitgliedschaft im Beirat abzuschrecken“[203].
Die vom Beirat in diesen Angelegenheiten abzugebenden Stellungnahmen bzw. Prüfungsberichte müssen nicht zwingend allen Wohnungseigentümern bereits vor der Versammlung in schriftlicher Form zugeleitet werden. Auch die mündliche Erklärung oder Stellungnahme in bzw. während der Wohnungseigentümerversammlung ist ausreichend[204].
Es wird allerdings auch die Auffassung vertreten, dass der Verwalter den Wohnungseigentümern das Protokoll über die Prüfung der Jahresabrechnung in Kopie spätestens mit der Einladung zur Wohnungseigentümerversammlung zuzuschicken und nicht erst auf der Versammlung vor der Beschlussfassung bekannt zu geben hat. Dies soll auch dann gelten, wenn nach der Gemeinschaftsordnung nur bestimmt ist, dass das Ergebnis der Prüfung in Protokollform festzuhalten und den Wohnungseigentümern mitzuteilen ist[205]. Diese Auffassung ist jedoch abzulehnen. Nur wenn eine schriftliche Stellungnahme des Beirats vor Versendung vorliegt, ist nach hier vertretener Auffassung der Verwalter verpflichtet, die Stellungnahme allen Wohnungseigentümern mit der Einladung zu versenden.
Die Wohnungseigentümer sind im Übrigen berechtigt, die Jahresabrechnung vorbehaltlich der Prüfung durch den Verwaltungsbeirat aufschiebend zu genehmigen[206]. Billigt der Verwaltungsbeirat daraufhin die Jahresabrechnung nicht, wird der Beschluss endgültig unwirksam.

202 BayObLG, 22.06.1995, 2Z BR 48/95, DWE 1995, 130 = WE 1996, 234.
203 BT-Drucks. 19/18791, S. 78.
204 BayObLG, 03.11.1983, 2 Z 40/83, DWE 1984, 30.
205 OLG Hamburg, 22.02.1988, 2 W 84/86, n. v.
206 BayObLG, 14.08.1996, 2Z BR 77/96, ZMR 1996, 680; 14.04.1988, 2 Z 3/88, WM 1988, 322.

Nach vorherrschender Meinung kann aber die Genehmigung als solche nicht durch mehrheitliche Beschlussfassung auf den Verwaltungsbeirat übertragen werden. Vielmehr ist hierfür eine Vereinbarung nach § 10 Abs. 1 Satz 2 WEG erforderlich[207].

Die Prüfung der Jahresabrechnung bzw. des Wirtschaftsplans durch den Verwaltungsbeirat gemäß § 29 Abs. 2 WEG ist im Übrigen nicht Voraussetzung für die Gültigkeit des Abrechnungsbeschlusses[208]. Das bloße Unterlassen der Prüfung bzw. der Stellungnahme führt daher nicht zur erfolgreichen Anfechtung der Genehmigungsbeschlüsse über die Vorschüsse der Jahresabrechnung[209], sondern kann gegebenenfalls (nur) zu Schadensersatzansprüchen gegen den Verwaltungsbeirat führen[210]. Unterbleibt die Prüfung der Kontenbestände und der Kontenbelege, entspricht die Prüfung nicht den Mindestanforderungen und kann bei dadurch verursachten Schäden wegen grober Fahrlässigkeit Schadensersatzansprüche der Gemeinschaft der Wohnungseigentümer gegen den Verwaltungsbeirat begründen.

Eine Anfechtungsklage im Zusammenhang mit dem Wirtschaftsplan bzw. der Jahresabrechnung kann nicht allein darauf gestützt werden, dass die Bestellung des Verwaltungsbeirates, dem die Prüfung der Pläne oblag, nichtig ist[211]. Sollte jedenfalls eine Beiratsbestellung nichtig sein, berührt dies die Gültigkeit der ohne Stellungnahme eines Beirates beschlossenen Vorschüsse bzw. Nachschüsse nicht. Eine Beschlussanfechtung allein aus diesem Grund führt nicht zur Ungültigerklärung der angefochtenen Beschlüsse[212].

a) Beirat kann nicht zur Prüfung gezwungen werden

Diese Prüfungspflicht, die dem Verwaltungsbeirat nach dem Gesetz obliegt, ist allerdings nicht gerichtlich und folglich auch nicht mit Zwangsmitteln durchsetzbar[213]. Neben der Geltendmachung eventueller Schadensersatzansprüche kann Abhilfe hier nur durch eine Abberufung und eine anschließende Neuwahl geschaffen werden. Dieser Anspruch muss gegebenenfalls gerichtlich geltend

207 So auch Deckert, DWE 2005, 18; a. A. Strecker, ZWE 2004, 228; zur Übertragung weder durch Beschluss noch durch Vereinbarung vgl. LG Berlin, 24.07.1985, 191 T 30/85; vgl. auch Becker in Bärmann, WEG, § 29 Rd. 102 m. w. N.
208 KG, 25.08.2003, 24 W 110/02, ZWE 2004, 277; Deckert, DWE 2005, 17.
209 OLG München, 20.03.2008, 34 Wx 46/07, ZWE 2009, 27; LG Berlin, 19.04.2013, 55 S 170/12, ZWE 2013, 333.
210 BayObLG, 12.06.1991, 2 Z 49/91, NJW-RR 1991, 1360.
211 BayObLG, 23.12.2003, 2Z BR 189/03, NZM 2004, 623.
212 BayObLG, 23.12.2003, 2Z BR 189/03, NZM 2004, 261; 23.12.2003, 2Z BR 185/03, DWE 2004, 93.
213 KG, 08.01.1997, 24 W 79 4/95, FGPrax 1997, 173 = ZMR 1997, 544.

gemacht werden, steht jedoch unter dem Vorbehalt, dass Eigentümer zur Übernahme des Beiratsamtes bereit sind.

b) Was soll der Verwaltungsbeirat bei der Abrechnung prüfen?

Die Prüfung durch den Beirat erfolgt in der Regel am Geschäftssitz des Verwalters. Die Prüfungspflicht im Rahmen der Jahresabrechnung selbst erstreckt sich nicht allein auf die rein rechnerische Richtigkeit der Gegenüberstellung von Einnahmen und Ausgaben und der sich daraus ergebenden Salden und auf die Übereinstimmung mit den zugehörigen Kontenbelegen. Die Kontenbelege, Rechnungen, Buchungsbelege, Quittungen sowie die Heizkostenabrechnung sind zumindest stichprobenartig zu überprüfen[214]. Zur Prüfung gehört „neben der Prüfung der rechnerischen Schlüssigkeit der Abrechnung zumindest auch eine stichprobenhafte Prüfung der sachlichen Richtigkeit, die nur durch Prüfung der Belege erfolgen kann“[215].

Eine umfassende Prüfung des Zahlenwerks ist nicht Prüfungsumfang. Bei dem Verwaltungsbeirat agieren häufig juristische Laien, so dass bei der Bewertung in der Regel auf den „durchschnittlichen Wohnungseigentümer“ abzustellen ist. Jegliche Prüfung setzt aber voraus, dass dem Verwaltungsbeirat auch die hierfür erforderlichen Unterlagen zur Verfügung stehen und vom Verwalter zur Verfügung gestellt werden. Gemäß § 18 Abs. 4 WEG kann ohnehin jeder Wohnungseigentümer von der Gemeinschaft der Wohnungseigentümer Einsicht in die Verwaltungsunterlagen verlangen. Zu prüfen sind die Kontenstände sämtlicher Gemeinschaftskonten bzw. Vermögensanlagen (z. B. Festgelder, Wertpapieranlagen) der Gemeinschaft der Wohnungseigentümer, und zwar jeweils im Vergleich von Jahresanfang und deren Entwicklung bis zum Jahresende.

Auch wenn nicht mehr Gegenstand des Beschlusses über die Jahresabrechnung, sondern nunmehr Bestandteil des Vermögensberichts gemäß § 28 Abs. 4 WEG, ist der Stand der Rücklagen zu kontrollieren. Nach dem Willen des Gesetzgebers ist die Entwicklung der Rücklagen im Vermögensstatus nicht mehr darzustellen. Zu- und Abflüsse finden sich bei der Mittelverwendung wieder. Etwaige offene Forderungen sind aus der dem Vermögensbericht beinhalteten Aufstellung des Gemeinschaftsvermögens zu entnehmen und diese ebenfalls stichprobenartig zu kontrollieren.

---

214 OLG Düsseldorf, 24.09.1997, 3 Wx 221/97, NZM 1998, 36 = ZMR 1998, 104; Gottschalg, Der Grundbesitz, 6/2004, 32.

215 OLG München, 07.02.2007, 34 Wx 147/06, NZM 2007, 488; LG Düsseldorf, 02.10.2013, 25 S 53/13, ZWE 2014, 407.

Zu prüfen ist darüber hinaus, ob der Verwalter seiner gesetzlichen Verpflichtung nach § 27 Abs. 1 WEG nachgekommen ist.
Von gleicher Bedeutung ist die Prüfung der sachlich richtigen Zuordnung der Einnahmen, insbesondere aber der Ausgaben, einschließlich der zugehörigen – nummerierten – Belege, die zumindest stichprobenartig zu prüfen sind.
Bei der Belegprüfung ist darauf zu achten, dass es sich um Originale und nicht um Kopien oder Rechnungs-„Doppel" handelt und Rechnungsadressat stets die Gemeinschaft der Wohnungseigentümer mit der nach § 9 a Abs. 1 Satz 2 WEG geforderten Bezeichnung ist, um damit auch falsche oder Doppelzuordnungen zu erkennen. Soweit eine digitale, papierlose Verwaltung und Buchhaltung geführt wird, ist darauf zu achten, dass diejenigen Belege, die der Verwalter nicht ohnehin bereits in digitaler Form erhält, ordnungsgemäß digitalisiert werden. Als Maßstab gelten die jeweils aktuellen Grundsätze zur ordnungsmäßigen Führung und Aufbewahrung von Büchern, Aufzeichnungen und Unterlagen in elektronischer Form sowie zum Datenzugriff, die in erster Linie eine Unveränderbarkeit von Belegen sicherstellen soll.
Die der Gesamt- und den Einzelabrechnungen zugrunde gelegten Verteilungsschlüssel sind auf ihre Übereinstimmung mit der gesetzlichen, der vereinbarten oder der gemäß § 16 Abs. 2 WEG bzw. bei baulichen Änderungen nach § 21 WEG mehrheitlich beschlossenen – abweichenden – Regelung hin zu überprüfen. Die sachliche Richtigkeit ist auch hier zumindest stichprobenartig zu prüfen, insbesondere sind die „neuralgischen Punkte"[216] nachzuvollziehen[217]. Neuralgisch sind beispielsweise der Umlageschlüssel, die Kontenbelege, die Rechnungsführung sowie die rechnerische Nachvollziehbarkeit der Zahlen.
Auch die Kontrolle der Einhaltung der Zahlungspflichten der einzelnen Eigentümer gegenüber der Gemeinschaft der Wohnungseigentümer durch den Verwalter unterliegt der Prüfung durch den Beirat, nicht zuletzt im Hinblick auf die Liquidität der Gemeinschaft. Fehlen Einnahmen, z. B. aus dem Wirtschaftsplan, hat dies dem Verwaltungsbeirat aufzufallen. Datenschutzrechtliche Bestimmungen stehen dieser Überprüfung nicht entgegen.
Hohe Zahlungsrückstände einzelner Wohnungseigentümer einerseits, aber auch Verbindlichkeiten der Gemeinschaft der Wohnungseigentümer gegenüber Dritten andererseits stellen eine besondere Gefahr für die Gemeinschaft der Wohnungseigentümer dar, auch wenn der einzelne Wohnungseigentümer

216 Stein/Schröder, WE 1994, 321 ff.
217 OLG München, 07.02.2007, 34 Wx 147/06, ZMR 2007, 988; LG Köln, 18.12.2014, 29 S 75/14, ZMR 2015, 335.

gemäß § 9 a Abs. 4 Satz 1 WEG im Außenverhältnis nur mit seinem Anteil gemäß § 16 Abs. 1 Satz 2 WEG haftet[218]. Deshalb kommt auch der Prüfung des Gemeinschaftsvermögens (§ 9 a Abs. 3 WEG) besondere Bedeutung zu.
Zur Erleichterung sieht § 28 Abs. 4 WEG neben der Angabe des Standes der Rücklagen für den Vermögensbericht ebenfalls vor, dass von Seiten des Verwalters eine Aufstellung des wesentlichen Gemeinschaftsvermögens zu erfolgen hat. Dies umfasst – nicht abschließend – jedenfalls alle Forderungen der Gemeinschaft der Wohnungseigentümer, alle Verbindlichkeiten sowie sonstige Vermögensgegenstände (wie z. B. Brennstoffvorräte etc.). Nach der Begründung des Gesetzes soll eine Aufstellung des wesentlichen Gemeinschaftsvermögens vorgenommen werden, wobei allerdings keine Bewertung von Vermögensgegenständen zu erfolgen hat[219]. Insoweit ist daher auch diese Aufstellung stichprobenartig vom Verwaltungsbeirat auf deren Richtigkeit zu prüfen.
Hat die Prüfung zu keinen Beanstandungen Anlass gegeben, wird der Verwaltungsbeirat die Annahme der Jahresabrechnung bei gleichzeitiger Entlastung des Verwalters empfehlen.
Sind allerdings Mängel in der Abrechnung aufgetreten und festgestellt, sind die Wohnungseigentümer darüber zu informieren[220].
Bei Prüfung des Wirtschaftsplans bedarf es zumindest einer Plausibilitätskontrolle der Kostenansätze und des korrekten Verteilungsschlüssels, insbesondere auch unter Hinzuziehung des bisherigen gültigen Wirtschaftsplans[221].
Gerade bei schwierigen und komplexen Abrechnungen und einer „Überforderung" der Beiratsmitglieder besteht zumindest eine Hinweispflicht der Beiratsmitglieder an die Wohnungseigentümer, damit diese auch die Möglichkeit haben zu beschließen, sich eines Fachmanns zu bedienen.

9.1.2 Recht zur Einberufung der Wohnungseigentümerversammlung

Die Wohnungseigentümerversammlung wird gemäß § 24 Abs. 1 WEG mindestens einmal jährlich durch den Verwalter einberufen. Die Einladungsfrist von mindestens drei Wochen (§ 24 § Abs. 4 Satz 2 WEG) ist dabei einzuhalten. Die Wohnungseigentümerversammlung muss im Übrigen von dem Verwalter

218 BGH, 02.06.2005, V ZB 32/05, NZM 2005, 543 = NJW 2005, 2061 = DWE 2005, 135.
219 Z. B. muss der Rasenmäher daher nicht betragsmäßig geschätzt werden.
220 Vgl. Kapitel 9.2.
221 Becker in Bärmann, WEG, § 29 Rd. 63 m. w. N.

dann einberufen werden, wenn dies von mehr als einem Viertel der Wohnungseigentümer in Textform unter Angabe des Zwecks verlangt wird (§ 24 Abs. 2 WEG). Die neu eingeführte Textform für das „Verlangen" eröffnet die Möglichkeit, dieses auf elektronischem Wege auszuüben, z. B. per E-Mail oder Fax.

Fehlt ein Verwalter oder weigert sich der bestellte Verwalter pflichtwidrig, eine Versammlung einzuberufen, kann die Wohnungseigentümerversammlung gemäß § 24 Abs. 3 WEG auch durch den Vorsitzenden des Verwaltungsbeirates oder bei dessen Verhinderung oder Verweigerung durch dessen Stellvertreter oder einen durch Beschluss ermächtigten Wohnungseigentümer einberufen werden[222].

Bislang nicht geregelt war, wie die Einberufung erfolgen kann, wenn es keinen Verwaltungsbeirat gibt bzw. sich der bestehende Verwaltungsbeirat pflichtwidrig weigerte, einzuberufen. Ist kein Vorsitzender des Beirates bzw. Vertreter gewählt, besteht auch die Möglichkeit, die Einberufung durch einen durch Beschluss ermächtigten Wohnungseigentümer vorzunehmen.

Eine solche Einberufungsermächtigung können die Wohnungseigentümer jederzeit ohne konkreten Anlass beschließen[223]. Ein solcher Ermächtigungsbeschluss entspricht ordnungsmäßiger Verwaltung, worauf jeder Wohnungseigentümer auch einen (einklagbaren) Anspruch hat[224]. Insbesondere steht ein solcher Ermächtigungsbeschluss nicht nur dann zur Verfügung, wenn es keinen Verwaltungsbeiratsvorsitzenden gibt; die Möglichkeit, einen Wohnungseigentümer zu ermächtigen, besteht alternativ. Im Gegensatz zur Ermächtigung der Einberufung durch den Vorsitzenden bzw. den Stellvertreter des Verwaltungsbeirats ergibt sich dieses Recht nicht bereits schon aus dem Gesetz, sondern muss durch einfachen Mehrheitsbeschluss der Wohnungseigentümer erst begründet werden.

Voraussetzung für das Einberufungsrecht nach § 24 Abs. 3 WEG ist aber stets die erkennbar zum Ausdruck gebrachte Weigerung des Verwalters, seiner Einberufungspflicht nachzukommen. Dies ist in der Praxis häufig dann der Fall, wenn der Verwalter die Einladung zu einer Versammlung verweigert, bei der über seine Abberufung beschlossen werden soll[225].

222 OLG Celle, 15.01.2002, 4 W 310/01, ZWE 2002, 276; 28.04.2000, 4 W 13/00, MDR 2000, 1428; BayObLG, 17.04.2002, 2Z BR 14/02, ZWE 2002, 526.
223 BT-Drucks. 19/18791, S. 72.
224 § 18 Abs. 2 WEG.
225 OLG Köln, 15.03.2004, 16 Wx 245/03, NZM 2004, 305.

Es stellt sich dann „praktisch" das Problem, dass dem Vorsitzenden des Verwaltungsbeirats oder seinem Stellvertreter oftmals die aktuellen Anschriften oder E-Mail-Adressen der Wohnungseigentümer nicht vollständig bekannt sind. Insoweit bedarf es dann einer Einsicht in die Verwaltungsunterlagen. Dieser, aus § 18 Abs. 4 WEG resultierende Anspruch, ist gegenüber der Gemeinschaft der Wohnungseigentümer (notfalls gerichtlich) geltend zu machen. Ein direkter Anspruch gegenüber dem Verwalter auf Einsicht in die Verwaltungsunterlagen ist seit dem 01.12.2020 jedenfalls nicht mehr gegeben.
Liegen die Voraussetzungen des § 24 Abs. 3 WEG vor, ist der Vorsitzende des Verwaltungsbeirats nicht nur berechtigt, sondern auch „verpflichtet", zur Wohnungseigentümerversammlung einzuberufen[226].
Aber auch für den Fall, dass zu einer Wohnungseigentümerversammlung unberechtigterweise nicht durch den Verwalter, sondern z. B. durch den Beiratsvorsitzenden oder einem anderen Einberufungsberechtigten eingeladen wurde, sind die in dieser Versammlung gefassten Beschlüsse nicht nichtig, sondern nur anfechtbar. Sie sind im Falle der Anfechtung für ungültig zu erklären, es sei denn, es steht fest, dass sie auch bei einer ordnungsmäßig eingeladenen Versammlung gefasst worden wären[227].
Hat ein Verwalter allerdings angekündigt, zu einem bestimmten Zeitpunkt, beispielsweise während der Schulferien, eine Versammlung einzuberufen, steht dies grundsätzlich nicht einer pflichtwidrigen Weigerung zur Einberufung gleich[228].
Da demjenigen, der zur Einberufung berechtigt ist, auch das Recht zusteht, die einmal einberufene Versammlung zu verlegen oder auch abzusagen, ist auch dem Einberufungsberechtigten dieses Recht zuzusprechen. Dieses Recht hat der Einberufungsberechtigte aber nicht, wenn der Verwalter eingeladen hat.
Im Übrigen kann der Vorsitzende des Verwaltungsbeirates in analoger Anwendung von § 24 Abs. 3 WEG die Tagesordnung dann gestalten, wenn der Verwalter sich pflichtwidrig weigert, bestimmte Punkte auf die Tagesordnung einer ordentlichen Wohnungseigentümerversammlung aufzunehmen und wenn die Behandlung dieser Punkte ordnungsmäßiger Verwaltung entspricht[229].

226 AG Berlin-Charlottenburg, 16.07.2009, 74 C 25/09, ZMR 2010, 76.
227 BayObLG, 17.04.2002, 2Z BR 14/02, ZWE 2002, 526.
228 BayObLG, 17.04.2002, 2Z BR 14/02, ZWE 2002, 526, OLG Frankfurt, 18.08.2008, 20 W 426/05, ZMR 2009, 133.
229 OLG Frankfurt, 18.08.2008, 20 W 426/05, ZMR 2009, 133.

9.1.3 Unterzeichnung der Niederschrift

Über die in der Wohnungseigentümerversammlung gefassten Beschlüsse hat der Verwalter gemäß § 24 Abs. 6 Satz 1 WEG unverzüglich eine Niederschrift aufzunehmen, die von dem Versammlungsvorsitzenden, in der Regel also dem Verwalter, einem Wohnungseigentümer und dem Vorsitzenden des Verwaltungsbeirates, wenn ein solcher bestellt ist, bzw. von dessen Stellvertreter zu unterzeichnen ist (§ 24 Abs. 6 Satz 2 WEG).
Die danach von einem Miteigentümer zu leistende Unterzeichnung der Niederschrift kann auch von einem Miteigentümer geleistet werden, welches Mitglied des Verwaltungsbeirates ist. Auch wenn dessen Unterschrift der Zusatz „Beirat" angefügt ist, handelt es sich dennoch um die Unterschrift eines Miteigentümers im Sinne der gesetzlichen Regelung nach § 24 Abs. 6 WEG[230]. Die Wirksamkeit der Beschlüsse hängt allerdings nicht von der Unterzeichnung der Niederschrift ab[231]. Beschlüsse der Wohnungseigentümer werden vielmehr mit der Feststellung und Verkündung des Beschlussergebnisses (mit konstitutiver Wirkung) in der Versammlung durch den Versammlungsvorsitzenden wirksam.
Wird die Versammlung vom Vorsitzenden des Verwaltungsbeirates geleitet, genügt im Regelfall seine Unterschrift und die eines Wohnungseigentümers[232]. Dies gilt jedenfalls dann, wenn keine Anhaltspunkte dafür bestehen, dass ein stellvertretender Beiratsvorsitzender gewählt ist und an der Versammlung teilgenommen hat.
Ist ein Verwaltungsbeirat nicht bestellt, obwohl dies nach der Teilungserklärung geschehen soll, ist die deshalb „fehlende" Unterschrift des Verwaltungsbeiratsvorsitzenden kein hinreichender Grund, um Beschlüsse mit dem Ziel der Ungültigerklärung anzufechten.
Entbehrlich ist die Unterschrift des Vorsitzenden des Verwaltungsbeirates bzw. seines Stellvertreters auch dann, wenn beide nicht an der Versammlung teilgenommen haben.
Ebenso kann das Grundbuchamt nicht bereits dann die Unterschrift des Beiratsvorsitzenden in der zum Nachweis der Verwaltereigenschaft vorzulegenden Versammlungsniederschrift verlangen, wenn die Teilungserklärung die Bestellung eines Beirates vorsieht, sondern erst dann, wenn Anhaltspunkte für

230 OLG Hamm, 08.07.2011, I-15 W 183/11, DWE 2011, 11; a. A. OLG Düsseldorf, 22.02.2010, FGPrax 2010, 174.
231 LG Dortmund, 06.08.2013, 1 S 298/12, DWE 2013, 148, dort auch zur unzulässigen Ersetzung der Unterschrift durch andere Eigentümer bei Verweigerung der Unterzeichnung durch die an sich berechtigten Unterzeichner.
232 LG Lübeck, 11.02.1991, 7 T 90/91, Rpfleger 1991, 309.

die Annahme sprechen, dass die Wohnungseigentümer auch tatsächlich einen Verwaltungsbeirat bestellt haben[233].

9.1.4 Unterstützung des Verwalters

Zu den weiteren, jedoch gerade für die alltägliche Praxis in Wohnungseigentümergemeinschaften wichtigen Aufgaben des Verwaltungsbeirates gehört die ihm nach § 29 Abs. 2 WEG übertragene Funktion der Unterstützung des Verwalters bei der Durchführung seiner Aufgaben, die diesem gemäß § 27 Abs. 1 WEG gesetzlich oder durch Beschluss gemäß § 27 Abs. 2 WEG zugewiesen sind[234]. Diese Unterstützung besteht in erster Linie in einer beratenden, informierenden und zwischen Verwalter und Wohnungseigentümer vermittelnden Tätigkeit. Aus der in § 29 Abs. 2 WEG enthaltenen Aufgabe des Verwaltungsbeirats, den Verwalter bei der Durchführung seiner Aufgaben zu unterstützen, ergibt sich keine Pflicht der Beiratsmitglieder, den Verwalter anzuhalten, seinen Pflichten nachzukommen[235]. Eine Weisungsbefugnis gegenüber dem Verwalter hat der Beirat nicht[236]. Er ist insoweit auch nicht Vertreter der Gemeinschaft der Wohnungseigentümer. Die Entscheidung über eine Weisung obliegt den Wohnungseigentümern im Rahmen der Eigentümerversammlung. Hieran ändert auch die neue Vertretungsmacht des Verwaltungsbeiratsvorsitzenden aus § 9 b Abs. 2 WEG nichts, da diese gesetzliche Vertretungsmacht sich nur auf das Außenverhältnis Gemeinschaft der Wohnungseigentümer zu Verwalter bezieht und das Innenverhältnis gerade nicht erfasst[237]. Der Verwalter ist allein gegenüber der Gemeinschaft der Wohnungseigentümer rechenschaftspflichtig[238].

Keine laufenden Kontroll- und Überwachungspflichten

Aus der Verpflichtung zur „Unterstützung“ lässt sich keine Verpflichtung des Beirats herleiten, die Verwaltertätigkeit laufend zu überwachen und/oder zu kontrollieren[239]. Der Beirat muss daher nicht die laufende Verwaltung, d. h. das operative Geschäft des Verwalters, unterstützen. Zudem hat der Verwaltungs-

233 LG Oldenburg, 07.07.1983, 5 T 65/83, WE 2/1984, 17.

234 Noch zum alten Recht: BayObLG, 22.06.1995, 2Z BR 48/95, DWE 1995, 130 (L) = WE 1996, 234.

235 BGH, 23.02.2018, V ZR 101/16, NZM 2018, 615.

236 BGH, 23.02.2018, V ZR 101/16, NZM 2018, 615.

237 Dötsch/Schultzky/Zschieschack, WEG-Recht 2021, Kapitel 11 Rd. 25.

238 AG Trier, 21.06.1999, 8 UR II 12/99 WEG, WM 1999, 482.

239 BayObLG, 30.06.2004, 2Z BR 58/04; 03.05.1972, 2 Z 7/72, Rpfleger 1972, 262 = NJW-RR 1972, 1377; Bub, ZWE 2002, 7/16; Gottschalg, a. a. O., Rn. 362; Dötsch/Schultzky/Zschieschack, WEG-Recht 2021, Kapitel 11 Rd. 22 f.

beirat keine Pflicht, den Verwalter zur Erfüllung seiner Pflichten anzuhalten[240]. Um aber seine Prüfungsaufgaben zu erfüllen, steht dem Beirat das jederzeitige Recht (und nicht die Pflicht) zu, die Verwaltertätigkeit zu überprüfen.
Zu beachten ist allerdings, dass die Regelungen des § 29 WEG durch Vereinbarung abdingbar sind[241]. Eine Erweiterung der Kompetenzen und Aufgaben, aber auch eine Beschränkung oder Entziehung derselben ist gemäß § 10 Abs. 1 Satz 2 WEG durch Vereinbarung möglich.
Der Verwalter darf seinerseits die Zusammenarbeit mit dem Verwaltungsbeirat im Rahmen der ihm obliegenden gesetzlichen oder vertraglich übertragenen Aufgaben und Pflichten nicht verweigern. Er ist vielmehr verpflichtet, dem Beirat sämtliche Verwaltungsunterlagen zugänglich zu machen und ihm alle gewünschten und erforderlichen Informationen über die Verwaltung des gemeinschaftlichen Eigentums zu erteilen[242].

9.1.5 Überwachung des Verwalters

Auf Empfehlung des Ausschusses für Recht und Verbraucherschutz wurden in § 29 Abs. 1 WEG nach dem Wort „unterstützt“ noch die Wörter „und überwacht“ eingefügt[243]. Eine nachvollziehbare und aufschlussreiche Begründung des Gesetzgebers fehlt hierzu. Vielmehr wird dort lediglich ausgeführt: „Der Verwaltungsbeirat unterstützt den Verwalter bei der Durchführung seiner Aufgaben nicht nur, sondern überwacht ihn auch. Dadurch wird der gestiegenen Bedeutung der Rolle des Verwaltungsbeirats Rechnung getragen. Denn er hat nicht mehr nur die Aufgabe, anstelle des Verwalters eine Versammlung einzuberufen (§ 24 Abs. 3 WEG), den Wirtschaftsplan und die Jahresabrechnung zu prüfen (§ 29 Abs. 2 Satz 2 WEG) und die Niederschrift über die Versammlungen zu unterzeichnen (§ 24 Abs. 6 Satz 2 WEG). Künftig ist er auch dazu berufen, die Gemeinschaft der Wohnungseigentümer gegenüber dem Verwalter zu vertreten (§ 9b Abs. 2 WEG), insbesondere wenn es darum geht, Ansprüche gegen diesen durchzusetzen. § 29 Abs. 2 Satz 1 WEG verleiht dem Beirat indes nicht das Recht, sich die Kompetenzen des Verwalters anzueignen“[244].
Eine große Unschärfe und damit eine unnötige Rechtsunsicherheit besteht, wie das neu eingefügte Wort der „Überwachung“ zu verstehen ist. Sicherlich kann vertreten werden, dass der Ausschuss für Recht und Verbraucherschutz den

240 BGH, 23.02.2018, V ZR 101/16, NZM 2018, 615.
241 S. Kapitel 3.
242 Zur Pflicht des Verwalters zur Loyalität vgl. Bub, ZWE 2002, 7/15.
243 BT-Drucks. 19/22634, S. 48.
244 BT-Drucks. 19/22634, S. 48.

gut gemeinten Empfehlungen zahlreicher Eigentümerinteressenverbände gefolgt ist, die gebetsmühlenartig, aber wenig reflektiert „mehr Rechte und Befugnisse" für den Verwaltungsbeirat einforderten[245], damit jedoch keine Aufgabenerweiterung des Verwaltungsbeirats einhergehen sollte[246].
Hiergegen spricht aber nicht nur der Umstand, dass das Wort „Überwachen" neu aufgenommen wurde, sondern auch die neue Aufgabe des Verwalters als gesetzlicher Vertreter der Gemeinschaft der Wohnungseigentümer[247]. Auch die Begründung des Ausschusses für Recht und Verbraucherschutz lässt sich in diese Richtung deuten. Aus einer Befugnis des Verwaltungsbeirats, die „Überwachung des Verwalters" vornehmen zu dürfen, resultiert jedoch auch spiegelbildlich die Erweiterung des Pflichtenkatalogs, was dem Ausschuss nicht nur bekannt war, sondern auch dort intensiv diskutiert wurde[248].
Damit rückt der Verwaltungsbeirat auf den ersten Blick gefährlich in die Nähe eines Aufsichtsrats. Dies erscheint im Hinblick auf die gesamte gesellschaftsrechtliche Ausrichtung des Gesetzes zunächst auch in sich stringent. Eine ähnliche Regelung findet sich in § 111 Abs. 1 AktG. Im Aktienrecht ist geklärt, dass sich die Überwachungspflicht nicht nur auf die nachträgliche Kontrolle beschränkt, sondern auch auf die präventive Kontrolle als Teil der allgemeinen Überwachungspflicht[249].
Um den gesetzgeberischen Zweck[250] „der Erhöhung der Attraktivität des Verwaltungsbeirats" nicht zu unterlaufen, wird man jedoch eine Überwachungspflicht aller operativen Geschäfte ablehnen und die Überwachungspflicht nur auf „wesentliche Einzelmaßnahmen" beschränken müssen[251]. Für eine solche einschränkende Auslegung des Begriffs der Überwachung spricht auch, dass der Verwaltungsbeirat weder mit Berichts- und Informationspflichten bestückt ist, wie sie beispielsweise im Aktienrecht[252] bestehen, zum anderen er auch keine Sanktions- und Einwirkungsmöglichkeiten besitzt. Nachdem man aber an der neuen Formulierung des Gesetzes nicht „vorbeikommt", erscheint es sachgerecht, die einschränkende Auslegung anhand des Prüfungsmaßstabs und der Prüfungsintensität vorzunehmen[253].

245 Sommer, ZWE 2020, 409 (411).
246 Lehmann-Richter/Wobst, WEG-Reform 2020, § 7 Rd. 582; in diese Richtung auch Hügel/Elzer, WEG, 3. Auflage, § 29 Rd. 43.
247 § 9 b Abs. 2 WEG, vgl. Kapitel 2.3 und 2.4.
248 Sommer, ZWE 2020, 409 (411).
249 MüKoAktG/Habersack, 5. Auflage 2019, § 111 Rn. 12.
250 Der ursprüngliche Gesetzesentwurf sah die „Überwachungspflicht" gerade nicht vor.
251 ErfK/Oetker, 20. Auflage 2020, § 111 AktG Rn. 2; Sommer, ZWE 2020, 409 (411).
252 § 90 AktG.
253 In diese Richtung auch: Dötsch/Schultzky/Zschieschack, WEG-Recht 2021, Kapitel 11 Rd. 41.

Der normale Geschäftsverlauf des Verwalters bedarf daher nach hier vertretener Auffassung keiner regelmäßigen Überwachung durch den Verwaltungsbeirat. Hingegen kann sich die Intensität des Verwaltungsbeirats erhöhen, wenn beispielsweise Verfehlungen des Verwalters bekannt oder konkret zu befürchten sind, jedoch auch, wenn Beschlüsse gefasst wurden, die eine hohe wirtschaftliche Bedeutung bzw. Tragweite (z. B. Generalsanierung) haben. Dies wiederum wird man zur wirtschaftlichen Situation des Vermögens der Gemeinschaft der Wohnungseigentümer ins Verhältnis setzen müssen[254]. Schließlich kann eine Überwachungspflicht auch dann bejaht werden, wenn konkrete Anhaltspunkte vorliegen, dass es beim Verwalter bei der Durchführung seiner Aufgaben zu häufigen Verzögerungen oder sonstigen Unregelmäßigkeiten gekommen ist und damit ein berechtigtes Misstrauen besteht. Letztlich kann es auch aus Sicht des Verwaltungsbeirats empfehlenswert sein, bei der in der Regel regelmäßigen Jahresbegehung der Wohnanlage oder bei sonstigen Besichtigungen oder Abnahmen von größeren Gewerken mit anwesend zu sein.
Es bleibt abzuwarten, wie die Rechtsprechung die neu eingefügte Pflicht zur Überwachung ausfüllen und interpretieren wird.
Unabhängig des noch ungeklärten Umfangs der „Überwachungspflicht" nach § 29 Abs. 2 WEG kann dem Beirat eine Überwachungs- und Kontrollfunktion im Rahmen ordnungsmäßiger Verwaltung allgemein oder beschränkt auf einzelne Verwaltungsmaßnahmen eingeräumt bzw. ihm durch mehrheitliche Beschlussfassung durch die Wohnungseigentümerversammlung übertragen werden, wobei allerdings weder die dem Verwalter gemäß § 27 Abs. 1 WEG zustehenden Befugnisse noch sonstige grundlegenden Aufgabenzuweisungen im WEG exemplarisch an die Eigentümerversammlung eingeschränkt werden dürfen[255]. Möglich soll es daher sein, „einzelne Handlungen des Verwalters (z. B. Zahlungen ab einem bestimmten Betrag) von der Zustimmung eines Wohnungseigentümers, des Verwaltungsbeirats oder eines Dritten abhängig zu machen[256]." Auch hier wird daher abhängig der Gewichtigkeit des Auftrags eine Erhöhung der Verantwortung des Verwaltungsbeirats einhergehen. Es kann daher durch Beschluss festgelegt werden, dass der Verwaltungsbeirat vor Beauftragung eines Dritten durch den Verwalter noch der Abstimmung oder Zustimmung des Verwaltungsbeirats bedarf[257].

---

254 Sommer, ZWE 2020, 409 (411).

255 BayObLG, 22.06.1995, 2Z BR 48/95, DWE 1995, 130 (L) = WE 1996, 234; 03.05.1972, 2 Z 7/72, BayObLGZ 1972, 161; noch einschränkender Becker in Bärmann, WEG, § 29 Rn. 50, der eine Beschlusskompetenz verneint.

256 BT-Drucks. 19/22634, S. 47; Stellungnahme Elzer vom 27.05.2020 zum WEMoG, vgl. Sommer, ZWE 2020, 409 (411).

257 Vgl. Kapitel 9.9.5.

9.2 Durchsetzung und Handlungspflichten des Verwaltungsbeirats

Aus den bestehenden Pflichten resultieren in jedem Fall Dokumentations- und Informationspflichten, wenn ein Verstoß des Verwalters durch den Verwaltungsbeirat festgestellt wurde. In einem solchen Fall muss der Verwaltungsbeirat die anderen Wohnungseigentümer hierüber informieren. Je schwerer die Pflichtverletzung des Verwalters bzw. die Gefahr für die Gemeinschaft der Wohnungseigentümer ist, desto schneller muss eine Unterrichtung der Wohnungseigentümer erfolgen. Eine solche Information findet in der Regel in der Eigentümerversammlung statt, so dass der Verwaltungsbeiratsvorsitzende über den Verwalter die Einberufung einer Eigentümerversammlung bewirken muss. Weigert sich der Verwalter pflichtwidrig, kann der Vorsitzende des Verwaltungsbeirats über § 24 Abs. 3 WEG die Einberufung selbst vornehmen. In diesem Fall muss der Vorsitzende dann aber auch die Einladung und den Tagesordnungspunkt vorbereiten und den Wohnungseigentümern im Vorfeld der Eigentümerversammlung zur Verfügung stellen[258].

Der Verwaltungsbeirat kann aber weder Weisungen an den Verwalter erteilen, noch Erfüllungsansprüche gegen den Verwalter geltend machen. Es verbleibt bei dem Grundsatz, dass Entscheidungen in der Eigentümerversammlung von den Wohnungseigentümern getroffen werden. Hieran ändert auch die neue Regelung zu § 9 b Abs. 2 WEG nichts. § 9 b Abs. 2 WEG betrifft nicht den Verwaltungsbeirat, sondern ermächtigt nur den Vorsitzenden des Verwaltungsbeirats zur gesetzlichen Vertretung, d. h. in der Regel den Vollzug des Beschlusses der Wohnungseigentümer[259].

Der Verwaltungsbeirat ist daher nur dazu verpflichtet, seine ihm obliegenden Aufgaben wahrzunehmen, indem er den jeweiligen Sachverhalt aufklärt, diesen dokumentiert und bei Feststellung von Pflichtverletzungen des Verwalters oder anderer wichtiger Erkenntnisse die Wohnungseigentümer rechtzeitig hierüber informiert. Damit kann im Rahmen der Eigentümerversammlung eine Willensbildung auf Basis von Tatsachen durch die Wohnungseigentümer erfolgen.

258 Vgl. Kapitel 9.1.2.
259 Zu § 9 b Abs. 2 WEG vgl. Kapitel 9.8.

9.3 Beschlussdurchführung, Hausordnung, Erhaltung

Der Verwalter ist gemäß § 27 Abs. 1 WEG gegenüber der Gemeinschaft der Wohnungseigentümer berechtigt und verpflichtet, die Maßnahmen ordnungsmäßiger Verwaltung zu treffen, die untergeordnete Bedeutung haben und nicht zu erheblichen Verpflichtungen führen oder zur Wahrung einer Frist oder zur Abwendung eines Nachteils erforderlich sind.
Aufgrund der neuen Systematik bedarf es der Differenzierung zwischen Außen- und Innenverhältnis. § 27 WEG betrifft ausschließlich das Innenverhältnis, d. h. welche Befugnisse und Handlungspflichten zwischen Verwalter und der Gemeinschaft der Wohnungseigentümer bestehen[260]. Von § 27 WEG nicht erfasst ist das sog. Außenverhältnis, welches das Rechtsverhältnis der Gemeinschaft der Wohnungseigentümer zu Dritten betrifft. Hier ist § 9 b WEG einschlägig, wonach der Verwalter nach außen hin die Gemeinschaft der Wohnungseigentümer vertreten darf. Mit Ausnahme von Grundstückskauf- und Darlehensverträgen besteht eine nach außen hin unbeschränkte[261] gesetzliche Vertretungsmacht des Verwalters.
Anders als das bisherige Recht wurde im neuen Recht im Hinblick auf die unterschiedlichen Anforderungen und Bedürfnisse einer Verwaltung bewusst darauf verzichtet, die einzelnen Aufgaben und Befugnisse des Verwalters in einen Katalog aufzunehmen. Die Pflichten des Verwalters, z. B. auf Vollzug eines gefassten Beschlusses, ergeben sich bereits aus dessen Stellung als Geschäftsführungsorgan, so dass dies nach Auffassung des Gesetzgebers nicht mehr explizit genannt werden musste.
Gleichzeitig besteht gemäß § 27 Abs. 2 WEG die Möglichkeit der Wohnungseigentümer, die Aufgaben und Befugnisse des Verwalters (im Innenverhältnis) durch Beschluss einzuschränken oder zu erweitern.
Über alle die Maßnahmen, die nicht nach § 27 Abs. 1 oder 2 WEG dem Verwalter zugewiesen sind, entscheiden weiterhin die Wohnungseigentümer durch Beschluss gemäß § 19 WEG. Zur ordnungsmäßigen Verwaltung und Benutzung enthält § 19 Abs. 2 WEG eine nicht abschließende Aufzählung, insbesondere

- die Aufstellung einer Hausordnung,
- die ordnungsmäßige Erhaltung des gemeinschaftlichen Eigentums,

260 BT-Drucks. 19/18791, S. 74.
261 § 9 b Abs. 1 S. 3 WEG.

- die angemessene Versicherung des gemeinschaftlichen Eigentums zum Neuwert sowie der Wohnungseigentümer gegen Haus- und Grundbesitzerhaftpflicht,
- die Ansammlung einer angemessenen Erhaltungsrücklage sowie
- die Festsetzung von Vorschüssen nach § 28 Abs. 1 Satz 1 WEG.

Diese Beschlüsse hat der Verwalter zu vollziehen. Das ergibt sich bereits aus seiner Funktion als Vollzugsorgan der rechtsfähigen Gemeinschaft der Wohnungseigentümer.
Bei der Aufgabenerfüllung dieser Verwalterpflichten kann der Verwalter Unterstützung durch den Verwaltungsbeirat erhalten. Es besteht aber keine Verpflichtung zur Mitwirkung und keine Verantwortlichkeit des Verwaltungsbeirats für die Durchführung der laufenden Verwaltung.

Beschlüsse vorbereiten
Die Beschlussdurchführung ist zwar unabdingbar dem Verwalter vorbehalten, unterstützend kann der Beirat jedoch im Zusammenhang mit der Beschlussfassung insoweit tätig werden, als im Vorfeld bereits bei der Aufstellung der Tagesordnung die vorgesehenen Beschlussinhalte diskutiert und in der Beschlussformulierung so vorbereitet werden, dass eine klare und eindeutige Beschlussfassung und Eintragung in die Beschluss-Sammlung (§ 24 Abs. 7 WEG) ermöglicht wird und Fehlinterpretationen im Nachhinein nicht auftreten können.

Aufstellung der Hausordnung
Der Verwaltungsbeirat unterstützt den Verwalter bei der Aufstellung der Hausordnung. Seine Aufgabe erstreckt sich daher auch darauf, bei der Aufstellung der Hausordnung vorbereitend und empfehlend mitzuwirken oder möglicherweise aufgrund der internen Kenntnis der Bedürfnisse und Notwendigkeiten der Gemeinschaft selbst einen Hausordnungsentwurf vorzulegen oder entsprechende Regelungen anzuregen.
Im Übrigen wird der Beirat bzw. seine Mitglieder auch dafür Sorge zu tragen haben, vermittelnd auf die Wohnungseigentümer einzuwirken, sich an die getroffenen Hausordnungsregelungen zu halten, Verstöße zu ermitteln, die Störer anzusprechen und diese gegebenenfalls dem Verwalter anzuzeigen.
Der Verwaltungsbeirat hat aber nicht die Befugnis und nicht das Recht, selbst eigenmächtig „ordnend" einzugreifen. Vielmehr steht in erster Linie die vermittelnde und schlichtende Funktion im Mittelpunkt, um in der Gemeinschaft für ein erträgliches und friedliches Miteinander zu sorgen.

Erhaltungsmaßnahmen im Vorfeld vorbereiten
Bei der dem Verwalter als Organ der Gemeinschaft der Wohnungseigentümer obliegenden Erhaltungsverpflichtung kann der Verwaltungsbeirat im Vorfeld der erforderlichen Beschlussfassung durch die Wohnungseigentümer gemeinsam mit dem Verwalter durch regelmäßige Begehungen der Wohnanlage Mängel und deren Ursachen feststellen, alternative technische Lösungsmöglichkeiten ermitteln, um so die Entscheidung in der Wohnungseigentümerversammlung zu beschleunigen und zu erleichtern.
Dabei kann dem Verwaltungsbeirat, welcher sich i. d. R. mit dem Verwalter „abstimmen“ muss, auch durch mehrheitliche Beschlussfassung der Wohnungseigentümer die endgültige Entscheidung über mögliche Alternativen übertragen werden (sog. Delegation[262]).
Eine eigenständige Entscheidungskompetenz über Maßnahmen zur Erhaltung des gemeinschaftlichen Eigentums hat der Verwaltungsbeirat aber nicht. Dies gilt ebenso für bauliche Maßnahmen[263]. So verstößt es auch nicht gegen die Grundsätze ordnungsmäßiger Verwaltung, wenn die Wohnungseigentümer die Sanierung eines Treppenhauses und den Kostenrahmen durch Beschluss selbst festlegen, die Auswahl des Unternehmers nach den vorhandenen Kostenvoranschlägen und die Einzelheiten des Farbanstrichs jedoch dem Verwaltungsbeirat übertragen[264]. Mit dieser Entscheidung über das „Wie“ gibt die Wohnungseigentümerversammlung die ihr allein zustehende Beschlusskompetenz nicht aus der Hand und überträgt sie auch nicht generell auf andere Entscheidungsträger, vielmehr hat sie die Entscheidung nur für den konkreten Einzelfall getroffen.
Die Durchführung der Erhaltung und die dazu zu veranlassenden Maßnahmen sowie die Vergabe der Aufträge bleibt dagegen unabdingbare Aufgabe des Verwalters[265]. Diese Aufgaben zählen zum Kernbereich der Tätigkeiten des Verwalters[266].
Handelt es sich allerdings um Aufträge zur Abwehr unmittelbar drohender Gefahren für das gemeinschaftliche Eigentum, beispielsweise bei Sturm-, Hagel-, Wasser- oder Brandschäden, ist gemäß § 18 Abs. 3 WEG neben dem Verwalter nicht nur der Verwaltungsbeirat, sondern auch jeder einzelne Wohnungseigentümer berechtigt und sogar verpflichtet, die erforderlichen Maßnahmen zu veranlassen.

262 S. Kapitel 9.9.5.
263 AG Hannover, 16.01.2006, 71 II 501/05, ZMR 2006, 487.
264 KG, 10.09.2003, 24 W 141/02, NJOZ 2003, 3216 = IBRRS 2004, 2548.
265 OLG Frankfurt, 27.10.1987, 20 W 448/86, OLGZ 1988, 188, dort zum „Bauausschuss“ als Sonderbeirat; Gottschalg, a. a. O., Rn. 44.
266 KG, 10.09.2003, 24 W 141/02, NJOZ 2003, 3216 = IBRRS 2004, 2548.

9.4 Empfehlungen zur Bildung einer angemessenen Erhaltungsrückstellung

Gemäß § 19 Abs. 2 Nr. 4 WEG gehört die Bildung einer angemessenen Erhaltungsrückstellung zur ordnungsmäßigen Verwaltung des gemeinschaftlichen Eigentums, über die mit Mehrheit zu beschließen ist bzw. die von jedem einzelnen Eigentümer verlangt und sogar gerichtlich durchgesetzt werden kann.
Das Gesetz schreibt zwar nicht zwingend die Bildung einer solchen Rückstellung vor und sagt vor allem nichts über deren „angemessene Höhe". Allerdings ist das Ermessen der Wohnungseigentümer darüber, „ob" eine Erhaltungsrückstellung (anders als Rückstellungen für andere Zwecke) gebildet wird, auf Null reduziert, d. h. es besteht kein anderweitig auszuübendes Ermessen[267]. Ein Ermessen der Wohnungseigentümer besteht lediglich darüber, in welcher Höhe diese Mittel angesammelt und eine Zuführung erfolgen soll, wobei diese jeweils angemessen sein muss.
Auch hier hat zunächst der Verwalter den Wohnungseigentümern entsprechende Vorschläge zu unterbreiten und auf eine entsprechende Beschlussfassung hinzuwirken, damit jederzeit ausreichende Mittel für möglicherweise auch überraschend notwendig werdende Maßnahmen zur Verfügung stehen.
Im Zuge der Unterstützung des Verwalters kann der Verwaltungsbeirat auch in diesem Bereich entsprechende Hilfestellung insoweit leisten, als er entsprechende Beschlussvorschläge mit vorbereitet und auch schon im Vorfeld der Beschlussfassung in Gesprächen mit den Eigentümern auf die Notwendigkeit der Bildung einer solchen angemessenen Rückstellung hinweist.
Hier kann der Verwaltungsbeirat insoweit tätig werden, als er die verschiedenen baulich-technischen Anlagen und Einrichtungen des Gebäudes, gegebenenfalls in Zusammenarbeit mit einem Architekten oder Sachverständigen, auf ihre Erhaltungsbedürftigkeit hin überprüft und eine objekt- und zeitbezogene Instandsetzungsplanung erarbeitet, bei der vom Alter der vorhandenen Anlagen und ihrer voraussichtlichen Lebensdauer auszugehen ist.
Um Verständnis für die Notwendigkeit einer solchen langfristigen Planung bei den Miteigentümern zu wecken, damit die Wohnanlage dauerhaft in ihrem Substanzwert erhalten bleibt oder auch durch bauliche Maßnahmen an den Stand der Technik angepasst werden kann, dient der Interessenwahrung aller Eigentümer und fällt damit in die Verantwortlichkeit einer ordnungsmäßigen Verwaltung, an der auch der Beirat mitzuwirken hat.

267 Dötsch/Schultzky/Zschieschak, Das neue Wohnungseigentumsgesetz, Kapitel 10, Rd. 23.

9.5 Verwaltung gemeinschaftlicher Gelder

Die Verwaltung der gemeinschaftlichen Gelder und die Führung eines Kontos gehört ebenfalls zu den Aufgaben des Verwalters. Die Verfügung über diese Gelder kann aber gemäß § 27 Abs. 2 WEG aufgrund mehrheitlicher Beschlussfassung der Wohnungseigentümer von der Zustimmung des Verwaltungsbeirates oder eines Dritten abhängig gemacht werden.
Hier kann die unterstützende Funktion des Verwaltungsbeirates zunächst dar- in bestehen, dass im Rahmen der Verwaltung der gemeinschaftlichen Gelder über deren Anlage in gemeinschaftlicher Abstimmung mit dem Verwalter entschieden wird.
Risikobehaftete oder spekulative Anlagen widersprechen dabei ebenso ordnungsmäßiger Verwaltung wie die Anlage der Erhaltungsrückstellung auf Bausparkonten[268].
Andererseits kann die Gemeinschaft der Wohnungseigentümer mehrheitlich auch beschließen, dass die Verfügung über die gemeinschaftlichen Konten nur gemeinschaftlich durch den Verwalter und ein Beiratsmitglied erfolgen darf, auch unter betragsmäßiger Abstufung.
Verfügt in einem solchen Fall der Verwalter weisungswidrig über das Konto, hat die Gemeinschaft einen Anspruch auf Rückgewähr, wenn im Kontoeröffnungsantrag die erforderliche Zustimmung gegenüber der Bank verzeichnet wurde[269].
Im Übrigen kann der Verwaltungsbeirat auch ermächtigt werden, über höhere Mittel für die Erhaltung des gemeinschaftlichen Eigentums zu verfügen als der Verwalter. Voraussetzung hierfür ist allerdings eine Vereinbarung.

9.6 Auskunftspflicht gegenüber der Gemeinschaft

Da der Verwaltungsbeirat stets im Auftrag der Gemeinschaft der Wohnungseigentümer tätig wird, richtet sich seine Auskunftspflicht nach § 666 BGB, wonach der Beauftragte verpflichtet ist, dem Auftraggeber die erforderlichen Auskünfte zu erteilen und nach der Ausführung des Auftrags Rechenschaft abzulegen[270].

268 OLG Düsseldorf, 01.12.1995, 3 Wx 322 + 342/95, DWE 1996, 34 = WM 1996, 112.
269 OLG München, 25.07.2000, 18 U 6003/99, NZM 2000, 1023.
270 Armbrüster, ZWE 2001, 464/464.

Danach ist der Verwaltungsbeirat nicht gegenüber dem einzelnen Wohnungseigentümer, sondern nur gegenüber der Gemeinschaft der Wohnungseigentümer als Auftraggeber im Rahmen der Wohnungseigentümerversammlung zur Auskunftserteilung verpflichtet[271].
Auch wird man aus einer entsprechenden Anwendung des § 18 Abs. 4 WEG einen Anspruch des einzelnen Wohnungseigentümers gegen die Gemeinschaft der Wohnungseigentümer anerkennen. Die Unterlagen des Verwaltungsbeirats stehen regelmäßig im Eigentum der Gemeinschaft der Wohnungseigentümer, § 9 a Abs. 3 WEG. Der Anspruch richtet sich nicht gegen den Verwalter, sondern vielmehr gegen die Gemeinschaft der Wohnungseigentümer. Als Vertreter der Gemeinschaft der Wohnungseigentümer ist aber grundsätzlich der Verwalter selbstverständlich der richtige Ansprechpartner. Besteht kein Verwalter, ist der Anspruch gegen alle Wohnungseigentümer zu richten. Die Gemeinschaft der Wohnungseigentümer wird sich in den Fällen, in welchen es um Unterlagen des Verwaltungsbeirats handelt, dem Organ Verwaltungsbeirat zur Erfüllung dieses Anspruchs bedienen.
Gerichtlich kann dieser Anspruch nur geltend gemacht werden, wenn er vorher Gegenstand einer Erörterung durch die Wohnungseigentümerversammlung war[272].
Gegenüber Dritten dürfen Auskünfte über Mitglieder der Gemeinschaft der Wohnungseigentümer oder über Verwaltungsangelegenheiten grundsätzlich nicht erteilt werden, es sei denn, dass diese Informationen zur ordnungsmäßigen Verwaltung erforderlich sind.
Die Informations- und Auskunftspflicht erstreckt sich auf alle Angelegenheiten der Verwaltung des gemeinschaftlichen Eigentums, soweit der Verwaltungsbeirat damit gemäß Gesetz, Vereinbarung oder Beschluss befasst oder beauftragt ist. Die Auskunft hat ausführlich, verständlich und unverzüglich zu erfolgen. Datenschutzrechtliche Hindernisse stehen der Auskunftspflicht innerhalb der Wohnungseigentümerversammlung nicht entgegen.
Damit der Verwaltungsbeirat seinen Informations- und Auskunftspflichten nachkommen kann, ist der Verwalter verpflichtet, ihm jederzeit Einsichtsrecht in sämtliche Verwaltungsunterlagen zu gewähren.

271 Bereits zum alten Recht: BayObLG, 03.05.1972, 2 Z 7/72, BayObLGZ 1972, 161; 12.06.1991, 2 Z 49/91, WE 1992, 174; 09.06.1994, 2Z BR 27/94, ZMR 1994, 575.
272 BayObLG, 09.06.1994, 2Z BR 27/94, WM 1995, 66 = ZMR 1994, 575.

9.7 Beirat muss nach Ausscheiden Unterlagen herausgeben

Neben der Auskunftspflicht trifft den Verwaltungsbeirat bzw. das einzelne Beiratsmitglied nach seinem Ausscheiden aus dem Beiratsamt gemäß § 667 BGB die Pflicht zur Herausgabe sämtlicher Verwaltungsunterlagen, Gelder, Provisionen oder sonstiger Gegenstände, die aufgrund der Beiratstätigkeit in seinen Besitz gelangt sind[273]. Die Unterlagen des Verwaltungsbeirats stehen regelmäßig im Eigentum der Gemeinschaft der Wohnungseigentümer, § 9 a Abs. 3 WEG.
Die Herausgabe hat an den neuen Verwaltungsbeirat, die Gemeinschaft der Wohnungseigentümer oder an den Verwalter zu erfolgen. Die Herausgabeansprüche verjähren gemäß § 195 BGB nach drei Jahren[274].

9.8 Vertretung gegenüber dem Verwalter

Dem Verwalter gegenüber vertritt der Vorsitzende des Verwaltungsbeirats oder ein durch Beschluss dazu ermächtigter Wohnungseigentümer die Gemeinschaft der Wohnungseigentümer, § 9 b Abs. 2 WEG. Diese neu eingefügte gesetzliche Vertretungsbefugnis besteht nur gegenüber dem aktuellen Verwalter, der in seiner neuen Eigenschaft als Geschäftsführungs- und Vertretungsorgan zur Wahrung der Interessen der Wohnungseigentümer eines Gegenpols bedarf. Des Nachweises einer rechtsgeschäftlichen „Vollmacht" bedarf es daher nicht[275].
Der Wortlaut spricht hier bewusst nur vom Vorsitzenden des Verwaltungsbeirats, nicht hingegen von dessen Stellvertretung. Daher besteht für den Stellvertreter des Verwaltungsbeiratsvorsitzenden keine gesetzliche Vertretungsermächtigung.
Der Verwalter kann bei Rechtsgeschäften zwischen ihm und der Gemeinschaft der Wohnungseigentümer nicht mit sich selbst wegen § 181 BGB kontrahieren. Aus diesem Grunde sieht § 9 b Abs. 2 WEG nun vor, dass der Vorsitzende des Verwaltungsbeirats in (nur) diesen Fallkonstellationen die Interessen der Gemeinschaft der Wohnungseigentümer vertritt.
Ein gesonderter Beschluss der Wohnungseigentümer, durch wen die Gemeinschaft der Wohnungseigentümer vertreten wird, ist damit nicht mehr erforderlich. Damit soll „die Durchsetzung von Ansprüchen der Gemeinschaft der

273 OLG Hamm, 20.02.1997, 15 W 295/96, WE 1997, 385 = NJW-RR 1997, 1232 = ZMR 1997, 433; Bub, ZWE 2002, 7/14.
274 Regelmäßige Verjährungsfrist nach § 195 BGB; allgemein Sauren/Rupprecht, NZM 2002, 585.
275 Eine Zurückweisung nach § 174 BGB scheidet daher aus.

Wohnungseigentümer gegenüber dem Verwalter erleichtert werden."[276] Zu betonen ist, dass es sich hier nicht um eine allgemeine Vertretungsberechtigung handelt, sondern diese sich ausschließlich auf die Geltendmachung oder Abwehr von Ansprüchen zwischen der Gemeinschaft der Wohnungseigentümer und dem Verwalter beschränkt.

Zukünftig ist streng zwischen dem rechtlichen „Können" im Außenverhältnis und dem rechtlichen „Dürfen" im Innenverhältnis zu unterscheiden. Die gesetzliche Ermächtigung des Vorsitzenden des Verwaltungsbeirats befugt diesen, Erklärungen für und gegen die Gemeinschaft der Wohnungseigentümer abzugeben. Ob diese Erklärung sich jedoch auch mit dem Willen der Wohnungseigentümer deckt, muss mittels Herbeiführung eines Beschlusses ermittelt werden. Die Willensbildungskompetenz verbleit daher nach § 19 WEG bei den Wohnungseigentümern. Dem Vorsitzenden des Verwaltungsbeirats ist – außer in dringlichen oder fristwahrenden Angelegenheiten – zwingend zu empfehlen, vorab eine Willensbildung der Wohnungseigentümer durch Beschluss herbeizuführen. Handelt er gegen den Willen der Mehrheit der Wohnungseigentümer, setzt er sich diesen gegenüber der Gefahr der Schadensersatzpflicht aus.

Alternativ hierzu sieht § 9 b Abs. 2 WEG vor, dass auch „ein durch Beschluss ermächtigter Wohnungseigentümer" die gesetzliche Vertretung der Gemeinschaft der Wohnungseigentümer gegenüber dem Verwalter bestimmt werden kann. Ausdrücklich des klaren Wortlauts kann nur ein Wohnungseigentümer und nicht mehrere Wohnungseigentümer zum besonderen Vertreter nach § 9 b Abs. 2 WEG bestellt werden. Wird ein solcher bestellt, stellt sich die Frage des Rangverhältnisses zum Vorsitzenden des Verwaltungsbeirats. Das Gesetz schweigt hierzu. Bis zu einer Klärung durch die Rechtsprechung sprechen die besseren Argumente dafür, dass die gesetzliche Vertretungsmacht des Vorsitzenden des Verwaltungsbeirats unangetastet bleibt, d. h. neben der Vertretungsmacht des besonderen Vertreters besteht. Im Ergebnis bestehen daher zwei separate Vertretungsberechtigungen[277].

9.9 Weitere (gewillkürte) Aufgaben

Über die gesetzlich geregelten Aufgaben hinaus können gegenüber dem Verwaltungsbeirat – vorbehaltlich zu beachtender Grenzen und Einschränkungen – auch zusätzliche Rechte und Pflichten begründet werden. Dies kann

276 BT-Drucks. 19/22634, 43; Sommer, ZWE 2020, 409.
277 Hügel/Elzer, Wohnungseigentumsgesetz, 3. Auflage, § 9 b Rd. 27.

- durch entsprechende Regelungen in der Gemeinschaftsordnung oder
- durch ergänzende Vereinbarungen gemäß § 10 Abs. 1 Satz 2 WEG oder
- durch Beschluss oder
- durch schuldrechtlichen Verwaltungsbeiratsvertrag

geschehen.
Erfolgt eine Übertragung im Wege der Gemeinschaftsordnung oder durch Vereinbarung gemäß § 10 Abs. 1 Satz 2 WEG muss diese inhaltlich klar und bestimmt und frei von Widersprüchen sein. Im Zweifel ist die Übertragung unwirksam[278].
Soll eine Übertragung im Wege des Beschlusses erfolgen, muss neben der inhaltlichen Bestimmtheit die notwendige Beschlusskompetenz vorliegen, andernfalls ist der Beschluss nichtig[279].
In der Praxis seltener anzutreffen sind die Abschlüsse von sog. Verwaltungsbeiratsverträgen zwischen den gewählten Verwaltungsbeiratsmitgliedern und der Gemeinschaft der Wohnungseigentümer. Sind solche Regelungen wirksam getroffen, haftet der Beirat für die pflichtgemäße Erfüllung der ihm danach übertragenen Aufgaben und Befugnisse nach den Grundsätzen des Auftragsrechts. Verstößt er schuldhaft gegen diese Pflichten, kann er für dadurch entstehende Schäden in Anspruch genommen werden.
Unberührt bleibt zudem die Möglichkeit, dem Verwaltungsbeirat durch Beschluss weitere Aufgaben zu übertragen. Dann handeln die Beiräte allerdings nicht mehr in ihrer Funktion als „Beirat", sondern als „bloße" Beauftragte/Bevollmächtigte.
In der Praxis häufig anzutreffende Übertragungen finden sich in den nachfolgenden Beispielen:

9.9.1 Abnahme des gemeinschaftlichen Eigentums

Ob dem Verwaltungsbeirat die Abnahme des gemeinschaftlichen Eigentums übertragen werden kann, ist nach wie vor umstritten. Die h. M. in der Rechtsprechung lehnt eine derartige Handlungsmöglichkeit des Verwaltungsbeirats allerdings in der Regel ab, soweit keine individuelle Ermächtigung/Bevollmächtigung durch den einzelnen Eigentümer (d. h. des Erwerbers) zur Abnahme erfolgt.

278 BGH, 02.03.2012, V ZR 174/11, ZWE 2012, 267; 09.12.2016, V ZR 124/16, ZWE 2017, 216.
279 BGH, 20.09.2000, V ZB 58/99, NZM 2000, 1184.

Es ist daher nach hier vertretener Auffassung nicht möglich, eine derartige Kompetenz des Verwaltungsbeirats durch mehrheitliche Beschlussfassung[280] oder aufgrund entsprechender Regelungen in der Teilungserklärung, der Gemeinschaftsordnung[281] oder dem Kaufvertrag[282] zu begründen[283]. Denn die Abnahme des gemeinschaftlichen Eigentums ist ein höchstpersönliches Recht der Wohnungseigentümer/der Erwerber und betrifft das Vertragsverhältnis zwischen Bauträger und Erwerber, so dass für eine Beschlussfassung über die Abnahme nach hiesiger Sicht keine Beschlusskompetenz besteht, eine Ermächtigung zu erteilen[284]. Auch Regelungen innerhalb der Kaufverträge oder bereits der Gemeinschaftsordnung sind nach diesseitiger Ansicht nicht wirksam. Regelungsort der Abnahme des Gemeinschaftseigentums ist der jeweilige Erwerbsvertrag[285].
Wie bereits angesprochen, kommt eine „Delegierung der Abnahme" auf einen Dritten nur durch eine individuelle Ermächtigung/Bevollmächtigung eines einzelnen Eigentümers (d. h. des Erwerbers) in Betracht.
Ungeachtet dessen bleibt der Verwalter als Organ der Gemeinschaft verpflichtet, sich um die Beseitigung von Baumängeln zu kümmern, insbesondere den Erhaltungsbedarf selbständig festzustellen, die Wohnungseigentümer darüber zu informieren und deren Entscheidung zur Beseitigung der Mängel vorzubereiten und herbeizuführen[286].

9.9.2 Abschluss des Verwaltervertrages

Der Abschluss des Verwaltungsvertrags ist streng vom Bestellungsbeschluss zu unterscheiden. Der Bestellungsbeschluss erfolgt durch die Wohnungseigentü-

280 OLG München, 06.12.2016, 28 U 2388/16; NJW-Spezial 2017, 76; LG München I, 07.04.2016, 36 S 17586/15, ZWE 2017, 39; Dötsch, ZWE 2016, 315; Suilmann in Bärmann, WEG, § 10 Rn. 329.

281 BGH, 12.05.2016, VII ZR 171/15, ZWE 2016, 318 (jedenfalls mit Wirkung für Nachzügler); 25.02.2016, VII ZR 49/15, NZM 2016, 364; a. A. Hügel, ZMR 2008, 855 sowie Hügel/Elzer, WEG, 3. Auflage, § 9a Rn. 136.

282 Keine unwiderrufliche Ermächtigung eines vom Bauträger benannten Dritten zur Abnahme z. B. OLG München, 09.04.2018, 13 U 4710/16, MittBayNot 2019, 31; OLG Nürnberg, 26.04.2018, 13 U 1908/16; BGH, 30.06.2016, VII ZR 188/13, ZWE 2016, 368.

283 OLG Frankfurt, 23.09.1975, 22 U 255/73, NJW 1975, 2297; Gottschalg, a. a. O., Rn. 39; Becker in Bärmann § 29 Rn. 93.

284 Nunmehr auch Hügel/Elzer, WEG, 3. Auflage, § 9 a Rn. 136 unter Aufgabe der zum alten Recht geteilten Auffassung; Suilmann in Bärmann, WEG, § 10 Rn. 329.

285 BGH, 12.05.2016, VII ZR 171/15, ZWE 2016, 318.

286 LG Düsseldorf, 13.12.2000, 19 T 442/00, ZWE 2001, 501.

mer[287] regelmäßig in einer Eigentümerversammlung[288]. Daneben und zeitlich nachgelagert, erfolgt auf der schuldrechtlichen Ebene der Verwaltervertrag. Dieser wird zwischen dem Verwalter und der Gemeinschaft der Wohnungseigentümer abgeschlossen. Aufgrund der neuen verbandsrechtlichen Strukturen stellt sich die Frage, wer den Verwaltervertrag für die Gemeinschaft der Wohnungseigentümer abschließen kann.
Bisher war es möglich, dass „der Verwaltungsbeirat", also mehrere Personen als Gesamtvertreter der Gemeinschaft der Wohnungseigentümer bevollmächtigt werden konnten, den Verwaltervertrag gemeinschaftlich zu unterschreiben. In den Fällen der Gesamtvertretung reichte nicht eine Unterschrift eines Bevollmächtigten aus; vielmehr mussten zur Wirksamkeit der Erklärung alle Bevollmächtigten unterschreiben. Dies ist nunmehr nicht mehr möglich. § 9 b Abs. 2 WEG sieht vor, dass der Verwaltungsbeiratsvorsitzende (und nicht dessen Stellvertreter oder ein anderes Mitglied des Verwaltungsbeirats) die Gemeinschaft gegenüber dem Verwalter gesetzlich vertritt[289]. Will dieser nicht oder gibt es keinen Verwaltungsbeiratsvorsitzenden, können die Wohnungseigentümer auch gemäß § 9 b Abs. 2 WEG einen anderen Wohnungseigentümer bevollmächtigen, den Verwaltervertrag für die Gemeinschaft der Wohnungseigentümer zu unterschreiben. In beiden Fällen wird vorausgesetzt, dass der „neue Verwalter" bereits als neuer Verwalter durch Mehrheitsbeschluss bestellt ist, was in der Regel der Fall sein wird.
Im Hinblick auf das Risiko unwirksamer Vertragsregelungen, auch unter Berücksichtigung der zu beachtenden AGB-Vorschriften ist es zu empfehlen, dass der Verwaltungsbeiratsvorsitzende – auch wenn er nach § 9 b Abs. 2 WEG nach außen die Gemeinschaft unbeschränkt vertreten darf – nur noch den bereits „ausverhandelten" Verwaltervertrag unterschreibt und nicht mehr bevollmächtigt wird, auch einzelne Regelungen im Verwaltervertrag aus zu verhandeln. Dies vor allem auch aufgrund der nicht unerheblichen Verantwortung, die damit einhergeht. Dies gilt umso mehr beim erst durch Beschluss bevollmächtigten Wohnungseigentümer, der nicht unter das Haftungsprivileg des § 29 Abs. 3 WEG fällt[290].

287 Eine Übertragung dieser „Bestellung" auf den Verwaltungsbeirat ist nicht möglich, vgl. LG Lübeck, 28.02.1985, 7 T 69/85; zur zulässigen Vorauswahl des Verwalters durch den Beirat vgl. OLG Düsseldorf, ZWE 2002, 185.
288 Vgl. Kapitel 2.2 bis 2.4.
289 Vgl. Kapitel 9.8.
290 Vgl. hierzu Kapitel 11.

Soll dennoch der Vertragsinhalt noch ausverhandelt werden, muss der Ermächtigungsbeschluss der Wohnungseigentümer dem ermächtigten Verwaltungsbeiratsvorsitzenden bzw. Wohnungseigentümer zumindest aber den maßgeblichen Vertragsinhalt (Eckdaten, auch sogenannte „essentialia", wesentlicher Inhalt)[291], nämlich vor allem über die Vertragsdauer und die Verwaltervergütung, vorgeben[292].

Insoweit unterliegt der ausgehandelte Vertrag der Inhaltskontrolle gemäß §§ 305 ff. BGB[293]. Der Verwaltungsbeiratsvorsitzende hat sich beim Aushandeln des Verwaltungsvertrages im Übrigen stets an mögliche Weisungen der Wohnungseigentümerversammlung zu halten bzw. bei fehlenden Weisungen nur solche Vertragsinhalte zu vereinbaren, die auch im Rahmen ordnungsmäßiger Verwaltung durch mehrheitliche Beschlussfassung getroffen werden können. So kann der Verwaltungsbeiratsvorsitzende im konkreten Einzelfall, wenn die Eckdaten festgelegt sind, in der Versammlung weitere Einzelheiten des Vertrages aushandeln, soweit diese in der Versammlung bereits erörtert wurden[294].

Dazu gehören nicht Regelungen, die das Gemeinschaftsverhältnis betreffen, unabhängig davon, ob sie mit der geltenden Gemeinschaftsordnung übereinstimmen oder davon abweichen[295].

Folgt der Verwaltungsbeiratsvorsitzende weisungsgebundenen Vorgaben nicht und entsteht der Gemeinschaft der Wohnungseigentümer daraus ein Schaden, setzt er sich wegen schuldhafter Pflichtverletzung entsprechenden Schadensersatzansprüchen der Gemeinschaft der Wohnungseigentümer aus[296].

291 BGH, 05.07.2019, V ZR 278/17, NJW 2020, 988; BGH, 27.02.2015, V ZR 114/14, ZWE 2015, 215; OLG Hamburg, 25.07.2003, 2 Wx 112/02, ZMR 2003, 864 = WM 2004, 304.

292 OLG Düsseldorf, 24.09.1997, 3 Wx 221/97, WM 1998, 50/52 = NZM 1998, 36; OLG Köln, 09.07.1990, 16 Wx 173/89, WM 1990, 462 = NJW 1991, 1302, dort auch zur zulässigen Regelung einer Sondervergütung für die gerichtliche Geltendmachung von Hausgeldern; OLG Köln, 13.07.2001, 16 Wx 1115/01, NZM 2001, 991; Gottschalg, a. a. O., Rn. 43; ders. in ZWE 2000, 50/53; insoweit auch zustimmend Häublein, ZMR 2003, 233/238; differenzierend Bub, ZWE 2007, 7/16, zumindest für den Fall, dass der Bestellungszeitraum nicht durch vorangegangenen Beschluss festgelegt wurde; a. A. grundsätzlich Deckert, DWE 2005, 17; zum Erfordernis einer Vereinbarung zwecks Ermächtigung des Beirates zum Aushandeln des Verwaltungsvertrages vgl. Bärmann, a. a. O., § 26 Rn. 100 ff.

293 OLG Hamm, 19.10.2000, NZM 2001, 49 = ZMR 2001, 138 = ZWE 2001, 81.

294 BGH, 27.02.2015, V ZR 114/14, ZWE 2015, 215; AG Saarbrücken, 05.02.2009, 1 WEG C 7/08, BeckRS 2009, 19304.

295 OLG Köln, 09.07.1990, 16 Wx 173/89, WM 1990, 462 = NJW 1991, 1302; OLG Hamm, 19.10.2000, 15 W 133/00, NZM 2001, 49; Schmidt, ZWE 2001, 137/149.

296 OLG Düsseldorf, 24.09.1997, 3 Wx 221/97, NZM 1998, 36 = ZMR 1998, 104, dort zur Anerkennung eines Schadensersatzanspruchs der Gemeinschaft der Wohnungseigentümer gegen den Verwaltungsbeiratsvorsitzenden in Höhe von 100.000 DM.

Überschreitet der Verwaltungsbeiratsvorsitzende die ihm erteilte Innenvollmacht, bleibt der Verwaltervertrag aber im Außenverhältnis zum Verwalter trotzdem wirksam.
Die Ermächtigung des Verwaltungsbeirats, einen Verwaltervertrag abzuschließen, begründet auch keine Befugnis, dem Verwalter umfangreiche Vollmachten und Ermächtigungen im Sinne des § 27 Abs. 2 WEG zu erteilen[297].
Ebenso wie zum Abschluss des Verwaltungsvertrages kann der Verwaltungsbeiratsvorsitzende durch Mehrheitsbeschluss der Wohnungseigentümerversammlung auch bevollmächtigt werden, nach vorangegangener mehrheitlich beschlossener Abberufung des Verwalters den Vertrag im Namen der Gemeinschaft der Wohnungseigentümer – nicht im Namen der Wohnungseigentümer – zu kündigen[298].
Ebenso möglich wären Regelungen in der Gemeinschaftsordnung, welche dem Verwaltungsbeirat gestatten, einen Verwaltervertrag auszuhandeln und abzuschließen.

9.9.3 Aufstellung des Wirtschaftsplans

Die Aufstellung des jährlichen Wirtschaftsplans obliegt gemäß § 28 Abs. 1 Satz 2 WEG dem Verwalter; die Beschlussfassung über die Vorschüsse und zu den Rücklagen erfolgt gemäß § 28 Abs. 1 Satz 1 WEG durch die Wohnungseigentümer.
Da von diesen Vorschriften durch Regelungen in der Gemeinschaftsordnung oder Vereinbarung gemäß § 10 Abs. 1 Satz 2 WEG abgewichen werden kann, kann der Verwaltungsbeirat legitimiert werden, nicht nur den Wirtschaftsplan aufzustellen[299], sondern über die Vorschüsse auch für alle Wohnungseigentümer verbindlich zu beschließen[300]. Ein Mehrheitsbeschluss, welcher derartiges ermöglichen soll, ist demgegenüber als gesetzesändernder Beschluss nichtig[301].
Entsprechendes gilt für die Jahresabrechnung[302].

---

297 Noch zum alten Recht: LG Berlin, 24.08.2018, 55 S 86/17 WEG, IMR 2019, 42.
298 BayObLG, 03.05.1972, 2 Z 7/72, BayObLGZ 1972, 161; OLG Frankfurt, 23.09.1975, 22 U 255/73, NJW 1975, 2297.
299 OLG Köln, ZfIR 1998, 157, Becker in Bärmann, WEG, § 29 Rn. 101.
300 Gottschalg, a. a. O., Rn. 64; Becker in Bärmann, WEG, § 29 Rn. 99, m. w. N.; a. A. Schmid, ZWE 2001, 137; AG Niebüll, DWE 1988, 31.
301 Becker in Bärmann, WEG, § 29 Rn. 101 f.; a. A. OLG Köln, 17.12.1997, 16 Wx 291/97, ZMR 1998, 374 = WM 1998, 179; zur abweichenden Auffassung vgl. auch Strecker, ZWE 2004, 228.
302 Bielefeld/Christ/Sommer, Der Wohnungseigentümer, Kapitel 16.6.5.4.

9.9.4 Erhaltungsmaßnahmen

Gemäß § 19 Abs. 2 Nr. 2 WEG gehört zur ordnungsmäßigen Verwaltung die ordnungsmäßige Erhaltung des gemeinschaftlichen Eigentums. Gemäß § 27 Abs. 1 WEG ist der Verwalter gegenüber der Gemeinschaft der Wohnungseigentümer berechtigt und verpflichtet, die Maßnahmen der ordnungsmäßigen Verwaltung zu treffen, die untergeordnete Bedeutung haben und nicht zu erheblichen Verpflichtungen führen. Was untergeordnete Bedeutung hat, ist eine Wertungsfrage und abhängig von der konkreten Anlage[303]. Die Leitplanken für eine untergeordnete Bedeutung ergeben sich zum einen aus dem finanziellen Risiko für die Gemeinschaft der Wohnungseigentümer, zum anderen aus der Art des vom Verwalter zu tätigenden Geschäfts. Bezogen auf das finanzielle Risiko der Gemeinschaft der Wohnungseigentümer wird vertreten, nicht auf eine absolute Zahl abzustellen, sondern vielmehr auf das Volumen des Wirtschaftsplans[304]. Diskutiert werden Grenzwerte bei zwei Prozent des Wirtschaftsplans[305]. Führt hiernach die Maßnahme eines Verwalters daher zu einem wirtschaftlichen Volumen von maximal zwei Prozent der durchschnittlichen Wirtschaftsplansumme, so kann noch eine untergeordnete Bedeutung und damit ein Tätigwerden des Verwalters bejaht werden. Hierunter fällt z. B. das Zahlungsmanagement[306], aber auch der Abschluss von Versorgungs- oder Dienstleistungsverträgen mit geringer finanzieller Auswirkung für die Gemeinschaft der Wohnungseigentümer. Auch kleinere Erhaltungsmaßnahmen, die – je nach Größe und finanzieller Ausstattung der Gemeinschaft unterschiedlich ausfallen können – können ohne vorherige Beschlussfassung der Wohnungseigentümer direkt durch den Verwalter in Auftrag gegeben werden. Damit sollen die Wohnungseigentümer entlastet und die Verwaltung effizienter werden. Der Verwaltungsbeirat ist berechtigt, den Verwalter bei der Wahrnehmung dieser Verpflichtung, insbesondere im Rahmen der Ermittlung und Prüfung des Erhaltungsbedarfs, zwar zu unterstützen, er ist aber keinesfalls befugt, selbst über erforderliche Maßnahmen zu entscheiden oder eigenmächtig Erhaltungsaufträge zu erteilen. Möglich ist es, dem Verwaltungsbeirat die tatsächliche Auftragsvergabe (aber nicht die Entscheidung hierüber) zu übertragen[307].

303 BT- Drucks. 19/22634, S. 46 f.
304 Dötsch/Schultzky/Zschieschak, Das neue Wohnungseigentumsgesetz, Kapitel 9, Rd. 99 f.
305 Dötsch/Schultzky/Zschieschak, Das neue Wohnungseigentumsgesetz, Kapitel 9, Rd. 99 f.; Lehmann-Richter/Wobst, WEG-Reform 2021, § 6 Rd. 477; letztere wollen dabei auf den Durchschnitt der letzten drei Jahre abstellen.
306 BT-Drucks. 19/18791, S. 73.
307 LG München I, 28.06.2007, 1 T 2063/07, ZWE 2009, 93; vgl. ausführlich auch Kapitel 9.9.5.

Sind Erhaltungsmaßnahmen bestandskräftig, also unangefochten, beschlossen worden, konnte der Beirat nach Stimmen in der bisherigen Rechtsprechung auch durch weiteren Mehrheitsbeschluss ermächtigt werden, z, B. bei einem Treppenhausanstrich die Auswahl unter den Kostenangeboten zu treffen und den Farbanstrich zu bestimmen[308]. Erforderlich war allerdings, dass keine Übertragung einer Kompetenz erfolgt, sondern eine bloße Konkretisierung im Einzelfall vorgenommen wird[309].
Gegen eine Übertragungsmöglichkeit spricht neben der fehlenden Delegationsmöglichkeit auch, dass bereits die Auswahl des durchführenden Unternehmens und eine Farbauswahl weitgehende Entscheidungen des „Wie" der Durchführung umfassen, hinsichtlich derer die Beschlusskompetenz allein bei den Wohnungseigentümern liegt. Gegen eine derart weitgehende Übertragung spricht daneben auch der Gesetzeswortlaut des § 29 Abs. 2 WEG, der nur eine „Unterstützung" vorsieht, was bei derartigen Aufgaben auch fraglich sein dürfte[310].
Im Zusammenhang mit Erhaltungsmaßnahmen kann die Wohnungseigentümerversammlung auch einen nur für bestimmte Maßnahmen bzw. für konkrete Aufgaben zuständigen „Sonder-Verwaltungsbeirat" wählen. Bereits die Bezeichnung irritiert hier. Handelt es sich hierbei doch häufig nicht um einen Beirat im Sinne des § 29 WEG, sondern vielmehr um besondere bevollmächtigte Wohnungseigentümer, deren Aufgabe ohne anderslautende Beschlussfassung sich grundsätzlich nur auf vorbereitende und prüfende Funktionen beschränkt. Die alleinige Entscheidungskompetenz über Reparatur- oder Erneuerungsmaßnahmen ohne konkrete Vorgaben kann daher weder auf den Verwaltungsbeirat noch auf einen „Arbeitskreis" oder einen „Sonderverwaltungsbeirat" durch mehrheitliche Beschlussfassung rechtswirksam erfolgen, soweit nicht die Entscheidung des „Ob" und des „Wie" bei den Wohnungseigentümern verbleibt. Ein derartiger Beschluss ist nach h. M. zumindest anfechtbar, wenn nicht nichtig.

9.9.5 Zustimmungsverfahren und Delegation

In der Praxis unterlagen bislang die Wohnungseigentümer der Versuchung, „Nebenaspekte" nicht in der Eigentümerversammlung zu entscheiden, sondern auf den Verwaltungsbeirat zu übertragen.

308 KG, 10.09.2003, 24 W 141/02, ZMR 2004, 625; ebenso LG Hamburg, 12.11.2014, 318 S 74/14, ZWE 2016, 36.
309 Vgl. Kapitel 9.9.5.
310 Becker in Bärmann, WEG, § 29 Rn. 86.

Zum besseren Verständnis bedarf es zunächst nochmals eines kurzen Blickes auf die neu ausgestaltete Struktur des WEG. Die Wohnungseigentümer als Mitglieder der Gemeinschaft der Wohnungseigentümer und damit als deren Willensbildungsorgan treffen in der Eigentümerversammlung die Entscheidungen (§ 19 Abs. 1 WEG). Die Entscheidung der Gemeinschaft der Wohnungseigentümer wird durch den Verwalter als Vollzugs- und Vertretungsorgan der Gemeinschaft der Wohnungseigentümer umgesetzt.
Mangels abweichender Regelungen in der Gemeinschaftsordnung sind die notwendigen Entscheidungen über das „Ob" und „Wie" beispielsweise für Maßnahmen der Erhaltung des gemeinschaftlichen Eigentums grundsätzlich von der Gemeinschaft der Wohnungseigentümer zu treffen.
Grundsätzlich deshalb, weil § 27 Abs. 1 WEG hiervon zur Entlastung der Wohnungseigentümer und zur Stärkung der Effizienz der Verwaltung eine Ausnahme vorsieht. Gemäß § 27 Abs. 1 WEG ist der Verwalter gegenüber der Gemeinschaft der Wohnungseigentümer berechtigt und verpflichtet, die Maßnahmen der ordnungsmäßigen Verwaltung zu treffen, die „untergeordnete Bedeutung haben und nicht zu erheblichen Verpflichtungen führen" sowie „zur Wahrung einer Frist oder zur Abwendung eines Nachteils erforderlich sind". Untergeordnete Bedeutung haben z. B. das Zahlungsmanagement[311], aber auch der Abschluss von Versorgungs- oder Dienstleistungsverträgen mit geringer finanzieller Auswirkung für die Gemeinschaft der Wohnungseigentümer. Auch kleinere Erhaltungsmaßnahmen, die – je nach Größe und finanzieller Ausstattung der Gemeinschaft unterschiedlich ausfallen kann[312] – können ohne vorherige Beschlussfassung der Wohnungseigentümer direkt durch den Verwalter in Auftrag gegeben werden. In diesen abschließenden Fällen des § 27 Abs. 1 WEG liegt eine Durchbrechung des Grundsatzes, dass die Entscheidungen zunächst durch das Willensbildungsorgan Wohnungseigentümer getroffen werden müssen.
Weiter sieht § 27 Abs. 2 WEG vor, dass die Wohnungseigentümer die Rechte und Pflichten des Verwalters (und nicht des Verwaltungsbeirats) durch Beschluss einschränken oder erweitern können. In welchem Umfang dies geschehen kann, ist noch nicht geklärt. Es wird vertreten, dass die Reichweite der Beschlusskompetenz dort endet, wo das WEG ausdrücklich die Kompetenz bei den Wohnungseigentümern verortet, wie z. B. bei der (Wieder-)Bestellung des Verwalters (§ 26 Abs. 1 WEG), der Einberufungsmöglichkeit einer Eigentümerversammlung durch die Wohnungseigentümer bei pflichtwidrigem Unterlas-

311 BT-Drucks. 19/18791, S. 73.
312 Vgl. Kapitel 9.9.4.

sen des Verwalters (§ 24 Abs. 3 WEG), bei abweichenden Kostenverteilungsschlüsseln nach § 16 Abs. 2 Satz 2 WEG, bei der Beschlussfassung über den Wirtschaftsplan und die Jahresabrechnung (§ 28 Abs. 1, 2 WEG) oder auch bei der Bestellung des Verwaltungsbeirats (§ 29 WEG). Daher wird in den meisten Fällen die Übertragung auf den Verwalter bei Einzelmaßnahmen oder Maßnahmen in einem für die Wohnungseigentümer festzulegenden „Budget" der Regelfall sein. Beispielsweise könnte nach § 27 Abs. 2 WEG beschlossen werden, dass der Verwalter berechtigt ist, Erhaltungsmaßnahmen bis zu einem gewissen Betrag im Einzelfall – der nicht schon als „untergeordnet" im Sinne des § 27 Abs. 1 WEG zu verstehen ist – ohne vorherige Befassung der Wohnungseigentümer zu entscheiden und durchzuführen.
Eine solche Delegation von Entscheidungsbefugnissen auf den Verwalter ist nur wegen der gesetzlichen Regelung des § 27 Abs. 2 WEG möglich. Eine vergleichbare Delegation der Entscheidungsbefugnisse auf den Verwaltungsbeirat ist im Gesetz gerade nicht vorgesehen.
Gibt es einen Verwalter in der Gemeinschaft, ist dieser nach § 9 b Abs. 1 WEG alleiniger Vertreter der Gemeinschaft der Wohnungseigentümer. Hat die Gemeinschaft keinen Verwalter, wird die verwalterlose Gemeinschaft durch die Wohnungseigentümer gemeinschaftlich vertreten, § 9 b Abs. 1 Satz 2 WEG (sog. Gesamtvertretung). Damit müssen bei verwalterlosen Gemeinschaften alle Wohnungseigentümer eine Willenserklärung abgeben, d. h. ein Vertrag der Gemeinschaft der Wohnungseigentümer und einem Dritten müsste auf Seiten der Gemeinschaft von allen Wohnungseigentümern unterzeichnet werden. Der Vertrag würde daher erst mit der Unterschrift des als letzten unterzeichnenden Wohnungseigentümers wirksam werden. Sind sich alle Wohnungseigentümer einig, können diese nach der Gesetzesbegründung[313] auch nach den allgemeinen Grundsätzen der Gesamtvertretung einen oder mehrere von ihnen ermächtigen, die Erklärung nach außen hin abzugeben. Es kann daher ein Verwaltungsbeirat nur dann noch nach außen hin handeln, wenn er hierzu rechtsgeschäftlich bevollmächtigt wurde – und zwar von allen. Dies wird in größeren Wohnanlagen bereits praktisch häufig ausscheiden.
Eine Ermächtigung des Verwaltungsbeirats durch Mehrheitsbeschluss der Wohnungseigentümer scheidet dagegen aus. Entgegen des bisherigen Rechts besteht hierzu keine Beschlusskompetenz mehr[314]. Der Verwaltungsbeirat sollte daher tunlichst darauf achten, dass er zukünftig nicht durch Beschluss von

313 BT-Drucks. 19/18791, S. 49.
314 Die eine derartige Vorgehensweise ehemals legitimierende Regelung des § 27 Abs. 3 S. 3 WEG a. F. ist ersatzlos entfallen.

den Wohnungseigentümern „bevollmächtigt bzw. ermächtigt" wird, Verträge mit Dritten zu begründen, da er in diesem Fall als Vertreter ohne Vertretungsmacht agiert und damit sich Schadensersatzansprüchen ausgesetzt sieht.
Ist eine Willenserklärung gegenüber der verwalterlosen Gemeinschaft der Wohnungseigentümer abzugeben (sog. passive Stellvertretung, beispielsweise bei einem Zugang einer Kündigung), so genügt die Abgabe gegenüber einem Wohnungseigentümer[315].
Ebenfalls kann durch Beschluss gemäß § 27 Abs. 2 WEG ein – vorgeschaltetes – Zustimmungserfordernis des Verwaltungsbeirats bei der Erfüllung von Aufgaben durch den Verwalter, z. B. die Geltendmachung des Verwalters von Hausgeldrückständen oder bei der Durchführung von Erhaltungsmaßnahmen vorgesehen werden. Nachdem § 27 Abs. 2 WEG – wie dargestellt – die Möglichkeit vorsieht, die Rechte und Pflichten des Verwalters („rechtliches Dürfen im Innenverhältnis") einzuschränken, kann nun auch die Geschäftsführungs- und Vollzugsbefugnis des Verwalters von der „Zustimmung des Verwaltungsbeirats" abhängig gemacht werden. § 27 Abs. 2 WEG bietet damit die Möglichkeit, flexibel und für den jeweiligen Beschlussinhalt eine Einbindung des Kontrollorgans Verwaltungsbeirat vorzunehmen und damit die Befugnisse des Verwalters wirksam einzuschränken. Durch ein solches Zustimmungsverfahren fungiert der Verwaltungsbeirat als ein „Filter", der eine zwingende Rückkoppelung und Zustimmung des Verwaltungsbeirats vorsieht, bevor der Verwalter Verbindlichkeiten nach außen eingehen bzw. Entscheidungen treffen kann. Hält sich der Verwalter an diese internen Vorgaben nicht und begründet entgegen dieser Vorgaben trotzdem Verpflichtungen der Gemeinschaft, so ist im Außenverhältnis das Rechtsgeschäft zwischen dem Dritten und der Gemeinschaft der Wohnungseigentümer, vertreten durch den Verwalter (§ 9 b Abs. 1 WEG) zwar weiterhin wirksam; der Verwalter kann sich aber im Innenverhältnis zur Gemeinschaft der Wohnungseigentümer Schadensersatzansprüchen ausgesetzt sehen.
Soll eine derartige Einbindung des Verwaltungsbeirats erfolgen, muss der Beschluss auch ordnungsmäßiger Verwaltung entsprechen, vor allem aber auch klar und bestimmt genug sein. So ist ein Beschluss, wonach die „Zustimmung des Verwaltungsbeirats" erforderlich ist, angreifbar. Beschlüsse, die „in Abstimmung mit dem Verwaltungsbeirat" oder „mit Zustimmung des Verwaltungsbeirats" getroffen werden, sind zu unbestimmt. Unklar dabei ist, ob die Formulierung „in Abstimmung mit" eine bloße Benachrichtigung, ein Vetorecht oder eine Mehrheitszustimmung beinhalten soll bzw. ob die „Zustim-

315 BT-Drucks. 19/18791, S. 49.

mung des Verwaltungsbeirats" wirklich die Beteiligung/Zustimmung sämtlicher Verwaltungsbeiratsmitglieder meint oder auch nur die mehrheitliche Zustimmung innerhalb des Verwaltungsbeirats ausreichen soll[316]. Aus diesem Grund sollte vielmehr von „einem zustimmenden Beschluss des Verwaltungsbeirats" gesprochen werden. Auch der BGH[317] hat dies noch zum alten Recht für den Fall der Verwalterzustimmung u. a. unter der Voraussetzung für zulässig erachtet, dass eine rechtliche und tatsächliche Aufklärung über den Sachverhalt erfolgt, die zur Entscheidungsfindung erforderlich ist.

Gleichzeitig muss bei der Pflichten und Aufgabenerweiterung des Verwaltungsbeirats daran gedacht werden, dass die Vereinbarung einer Vergütung für den Mehraufwand des Verwaltungsbeirats zukünftig dazu führt, dass die Haftungsprivilegierung des § 29 Abs. 3 WEG nicht mehr greift[318]. Darauf sollte der Verwalter auch hinweisen.

Insbesondere nicht frei von Risiken ist dabei die Zustimmung zur Vermietung und/oder zur Veräußerung. Ist nach der Teilungserklärung bzw. der Gemeinschaftsordnung die Zustimmung des Verwaltungsbeirates zur Veräußerung erforderlich, ist dessen rechtswirksame Bestellung in öffentlich-beglaubigter Form nachzuweisen. Das bedeutet, dass die Zustimmung gegenüber dem Grundbuchamt durch Vorlage einer Niederschrift über den Bestellungsbeschluss nachzuweisen ist, bei der die Unterschriften der zur Unterzeichnung der Niederschrift bestimmten Personen öffentlich beglaubigt sind[319].

Grundsätzlich gilt, dass die Zustimmung sowohl zur Veräußerung wie auch zur Vermietung nur aus wichtigem Grund verweigert werden darf. Der wichtige Grund muss dabei stets in der Person des Erwerbers bzw. des Mieters liegen. Wird die Zustimmung aus nicht wichtigem Grund verweigert, kann der zur Zustimmung verpflichtete Verwalter bzw. Verwaltungsbeirat schadensersatzpflichtig sein, wenn es deshalb nicht zur Veräußerung oder zur Vermietung oder nur zu ungünstigeren Konditionen kommt.

Grundsätzlich gelten bei Veräußerung und Vermietung z. B. Religion, Rasse, ausländische Staatszugehörigkeit, politische Gründe, Kinderreichtum oder auch Körperbehinderung nicht als wichtige Gründe zur Verweigerung der Zustimmung. Die Zustimmung kann von jedem einzelnen Beiratsmitglied erklärt werden[320].

316 Sommer, IMR 2019, 88; AG Hamburg-Blankenese, ZMR 2017, 675; AG Hamburg-Blankenese, ZMR 2015, 813; AG Herne, ZMR 2017, 1014; LG München I, ZMR 2017, 504.
317 BGH, 21.12.1995, V ZB 4/94, NJW 1996, 1216; WM 1996, 240.
318 Vgl. Kapitel 11.
319 OLG Hamm, 13.03.2013, I-15 W 311/12, DWE 2014, 149; ZMR 2014, 302.
320 Drasdo, a. a. O., 81, dort mit Hinweis auf BayObLG, 16.08.1988, 2 Z 46/88, WE 1989, 106.

9.9.6 Schlichtungsverfahren/Vorschaltverfahren

Über Streitigkeiten der Wohnungseigentümer untereinander ist gemäß § 43 ff. WEG nach den Vorschriften der Zivilprozessordnung zu entscheiden. Grundsätzlich kann jedoch zunächst zur vorgerichtlichen Streitschlichtung auf freiwilliger Basis auch der Verwaltungsbeirat eingeschaltet werden[321].
Zulässig ist im Übrigen eine Vereinbarung gemäß § 10 Abs. 1 Satz 2 und Abs. 3 WEG, wonach vor Einleitung gerichtlicher Schritte die Wohnungseigentümer verpflichtet sind, Streitigkeiten dem Verwaltungsbeirat vorzutragen, der eine gütliche Einigung herbeizuführen versuchen soll[322].
Ein so vereinbartes vorgerichtliches Schlichtungsverfahren ist im Streitfall zwingende Voraussetzung vor Beschreiten des Rechtsweges im WEG-Verfahren[323]. Hiervon dürfte allerdings die Anfechtungsklage infolge der Fristen des § 45 Abs. 1 WEG auszunehmen sein. Denn die Ausschlussfristen sind weder verlängerbar noch stehen sie in der Dispositionsbefugnis der Parteien[324].
Ein Mehrheitsbeschluss, der generell ein Schlichtungsverfahren vorschreibt, ist als gesetzesändernder Mehrheitsbeschluss nichtig.

321 Deckert, DWE 2005, 16.
322 Insoweit auch Bub, ZWE 2002, 7/9, mit Hinweis auf BayObLG, 16.11.1995, 2Z BR 69/95, DWE 1996, 36 = NJW-RR 1996, 910; Roth in Bärmann, WEG, Vor §§ 43 ff. Rn. 17.
323 Zur Nachholung eines vereinbarten Schlichtungsverfahrens vgl. LG Stralsund, 06.01.2001, ZMR 2003, 68.
324 A. A. Zwickel, NZM 2014, 18, der § 46 Abs. 1 S. 3 WEG als Legitimation ansieht.

10. Vergütung des Verwaltungsbeirates

Das Amt des Verwaltungsbeirates wird allgemein hin als unentgeltlich auszuübendes Ehrenamt angesehen, für das eine Vergütung nicht gezahlt wird. Um die unentgeltliche Tätigkeit zu fördern, hat der Gesetzgeber im Rahmen des WEMoG auch diese haftungsrechtlich privilegiert. Ein Anspruch auf Vergütung besteht deshalb nicht, wohl aber ein Anspruch auf Ersatz von (konkreten) Aufwendungen.
Den Wohnungseigentümern bleibt es aber unbenommen, für die Wahrnehmung der dem Beirat obliegenden gesetzlichen Aufgaben oder ihm darüber hinaus übertragenen Tätigkeiten im Rahmen ordnungsmäßiger Verwaltung entsprechende Vergütungsregelungen zu vereinbaren oder zu beschließen[325].
Zu den (Haftungs-)Folgen sei insbesondere auf Kapitel 11 verwiesen.

10.1 Aufwendungsersatz bei unentgeltlicher Tätigkeit

Bei der Beiratstätigkeit im Rahmen der gesetzlich übertragenen Aufgaben handelt es sich, wenn nicht eine besondere Vereinbarung getroffen wurde, schuldrechtlich um ein Auftragsverhältnis im Sinne von §§ 662 ff. BGB[326]. Danach verpflichtet sich der Beauftragte (hier der zum Beiratsmitglied gewählte Wohnungseigentümer) bei Annahme eines Auftrages, ein ihm von dem Auftraggeber (hier die Gemeinschaft der Wohnungseigentümer) übertragenes Geschäft unentgeltlich für diesen zu besorgen.
Unabhängig von einem Beschluss der Wohnungseigentümer und/oder dem Abschluss eines Beiratsvertrages haben die als Beiratsmitglieder bestellten Wohnungseigentümer damit gemäß § 670 BGB einen gesetzlichen Anspruch auf Ersatz der ihnen entstehenden erforderlichen Aufwendungen. Macht nämlich der Beauftragte zum Zwecke der Ausführung des Auftrages Aufwendungen, die er den Umständen nach für erforderlich halten darf, so ist der Auftraggeber, also die Gemeinschaft der Wohnungseigentümer zum Ersatz verpflichtet[327]. Eine Ausnahme gilt nur für den Fall, dass ein Aufwendungsersatz ausdrücklich durch Vereinbarung ausgeschlossen ist[328]. Eines besonderen Be-

325 Niedenführ, a. a. O., § 29 Rn. 26, m. w. N.
326 OLG Düsseldorf, 24.09.1997, 3 Wx 221/97, NZM 1998, 36 = ZMR 1998, 104; OLG Schleswig, 13.12.2004, 2 W 124/03, NZM 2005, 588; vgl. dazu auch AG Hattingen, 23.01.2014, 28 C 30/13, DWE 2015, 66.
327 OLG Schleswig, 13.12.2004, 2 W 124/03, NZM 2005, 588.
328 Bub, ZWE 2002, 7/17.

schlusses zur Zahlung des Ersatzes für die getätigten Aufwendungen bedarf es daher nicht, sofern die Aufwendungen den Umständen nach nicht unangemessen, sondern notwendig bzw. erforderlich waren[329].
Der Anspruch auf Aufwendungsersatz richtet sich ausschließlich gegen die Gemeinschaft der Wohnungseigentümer, da es sich um ein Vertragsverhältnis zwischen der Gemeinschaft der Wohnungseigentümer und dem Verwaltungsbeirat handelt[330]. Die Gemeinschaft der Wohnungseigentümer haftet deshalb gegenüber den Beiratsmitgliedern mit ihrem Verwaltungsvermögen[331].
Nach der Rechtsprechung sind Aufwendungen hierbei – allgemein dargestellt – freiwillige Vermögensopfer, die ein Verwaltungsbeirat zur Erreichung des Auftrags- oder Geschäftsbesorgungszwecks oder für die Interessen der Gemeinschaft der Wohnungseigentümer oder der Wohnungseigentümer erbringt,[332] wobei auch diejenigen Vermögensopfer hierzu zählen, die als notwendige Folge anfallen.
Das Kriterium der Erforderlichkeit ist hierbei subjektiv-objektiv zu beurteilen. Dies ist dann gegeben, wenn die Erbringung der Aufwendungen unter Berücksichtigung des subjektiven Ermessens zur Verfolgung des Auftragszwecks geeignet ist, notwendig erscheint und in einem angemessenen Verhältnis zur Bedeutung der Geschäftsführung steht[333]. Sind die Aufwendungen objektiv nicht notwendig, ist eine anderweitige Beurteilung nur dann noch im Sinne des § 670 BGB gerechtfertigt, wenn der jeweilige Verwaltungsbeirat seine Entscheidung nach sorgfältiger, nach den Umständen des Falles gebotene Prüfung trifft. Hierbei spielt insbesondere auch eine Rolle, welchen Aufgabenumfang der Verwaltungsbeirat konkret innehat (also insbesondere dann, wenn neben den gesetzlichen Aufgaben noch weitergehende Aufgaben übertragen wurden) und über welche finanzielle Mittel die Gemeinschaft der Wohnungseigentümer verfügt (also auch letztendlich, wie „liquide" diese ist).
Zu den normalen Aufwendungen, die im Rahmen ordnungsmäßiger Verwaltung entweder pauschal[334] oder gemäß Einzelnachweis – in diesem Fall bedarf es einer Beschlussfassung – ersetzt werden, zählen insbesondere

329 Müller, Praktische Fragen des Wohnungseigentums, 5. Auflage 2010, 9. Teil Rn. 357.
330 Zur früheren Auffassung über das Vertragsverhältnis zwischen Verwaltungsbeirat und Wohnungseigentümern bzw. teilrechtsfähiger Gemeinschaft der Wohnungseigentümer vgl. Abramenko, ZWE 2006, 273; da es sich jedoch um Forderungen gegen das Verwaltungsvermögen handelt, ist der Anspruch folglich auch gegen die teilrechtsfähige Gemeinschaft zu richten.
331 Becker/Kümmel/Ott, Wohnungseigentum, 2. Auflage 2010, Rn. 804.
332 BGH, 22.09.2016, III ZR 264/15, NJW-RR 2016, 1387.
333 BGH, 08.05.2012, XI ZR 437/11, MDR 2012, 1050.
334 BayObLG, 30.04.1999, 2Z BR 153/98, NZM 862/865; Wenzel, ZWE 2001, 226/237.

- Telefonkosten,
- Versicherungsprämien für eine etwaige Haftpflichtversicherung,
- Kopierkosten,
- Portokosten,
- Fahrtkosten und
- Aufwendungen für Gebäck und Getränke anlässlich einer Beiratssitzung.

Je nach Größe der Wohnanlage können im Einzelfall auch die Kosten für die Teilnahme an einem Seminar oder den Erwerb eines Fachbuches gehören[335]. Ohne gesonderte Beschlussfassung ist der Verwalter daher auch berechtigt, insbesondere dann, wenn es sich um größere Wohnungseigentumsanlagen handelt, im Rahmen ordnungsmäßiger Verwaltung Kursgebühren für die Teilnahme von Verwaltungsbeiräten an einschlägigen Fachseminaren und Kosten für Fachliteratur aus dem Verwaltungsvermögen zu erstatten[336]. Denn gerade eine große Eigentümergemeinschaft hat ein berechtigtes Interesse nicht nur daran, dass sich überhaupt jemand findet, der ohne Bezahlung die zeitraubende und aufopferungsvolle Tätigkeit eines Verwaltungsbeirates übernimmt, sondern auch daran, dass sich dieser Verwaltungsbeirat mit den vielfältigen rechtlichen, technischen und wirtschaftlichen Problemen vertraut macht. Dies rechtfertigt sowohl die Zahlung von Teilnehmergebühren bei Seminaren wie von Kosten für entsprechende Sachbücher.
Getätigte Aufwendungen sind grundsätzlich bei Einzelnachweis, d.h. im konkreten Einzelfall in der entsprechenden Höhe aus dem Verwaltungsvermögen der Gemeinschaft der Wohnungseigentümer zu ersetzen[337].
Ehemals war es, auch zur Vermeidung eines Verwaltungsaufwands, vielfach üblich und zweckmäßig, als Aufwendungsersatz die Zahlung von Aufwandspauschalen für die im Rahmen der ehrenamtlichen Tätigkeit üblicherweise anfallenden Kosten vorzusehen[338]. Diese Handlungsweise ist nach wie vor möglich, aber, wie in Kapitel 11 ausgeführt, zukünftig eher zu vermeiden.
Soll dennoch eine pauschale Abgeltung vorgenommen werden, ist es möglich, für die Aufwendungen eine angemessene Pauschale zu bewilligen, nicht jedoch einen nicht zweckgebundenen freien Betrag[339]. Grundsätzlich als angemessen gilt eine Aufwandspauschale in Höhe von

335 Bärmann/Becker, 14. Auflage 2018, WEG § 29 Rn. 120.
336 BayObLG, 30.06.1983, 2 Z 76/82, DWE 1983, 123; Drasdo, NJW-Spezial 2005, 529.
337 BGH, NJW-RR 2016, 1387.
338 BayObLG, 30.04.1999, 2Z BR 153/98, NJW-RR 2000, 13; vgl. auch Deckert, DWE 2005, 15.
339 AG Hamburg-Wandsbek, 11.10.2007, 702 II 58/06, ZMR 2008, 335.

- 20 Euro pro Teilnehmer und Sitzung zuzüglich
- 200 – 250 Euro pro Jahr[340]
- Km-Geld analog der Erstattung von Dienstreisen gemäß Bundesreisekostengesetz BRKG (§ 9 Aufwands- und Pauschvergütung, § 10 Erstattung sonstiger Kosten i. V. m. § 5 Abs. 2 Satz 1 Nr. Einkommensteuergesetz – EStG)[341].

Nicht mehr angemessen ist jedenfalls eine pauschale Aufwandsentschädigung in Höhe von 500 Euro pro Verwaltungsbeiratsmitglied und Jahr[342].
Als Maßstab gilt jedenfalls, dass die gezahlten Pauschalen zu den insgesamt in einem bestimmten Zeitraum zu erwartenden Auslagen in einem angemessenen Verhältnis stehen[343]. Für die Höhe der Vergütung wird jedenfalls im Einzelfall der erforderliche Aufwand maßgeblich sein, wobei auch die Größe der Gemeinschaft und der daraus resultierende zeitliche Mehraufwand Berücksichtigung finden kann.
Als allgemein zulässig wird es auch angesehen, dem Vorsitzenden des Verwaltungsbeirates gegebenenfalls eine höhere Pauschale zuzubilligen als den übrigen Beiratsmitgliedern[344].
Pauschalen, die lediglich dem Ersatz der Aufwendungen dienen, sind steuerfrei[345]. Ein pauschalierter Aufwendungsersatz in Höhe von 3.000 Euro pro Jahr ist allerdings unangemessen und kann nicht mehrheitlich beschlossen werden[346]. Auch bei einem Aufwendungsersatz von 500 Euro pro Jahr wurde bereits ein Verstoß gegen die ordnungsmäßige Verwaltung angenommen[347].
Ebenfalls ordnungsmäßiger Verwaltung widerspricht ein Mehrheitsbeschluss, einem Beirat dessen gerichtliche und außergerichtliche Kosten aus einem von ihm schuldhaft veranlassten Rechtsstreit gegen zwei Miteigentümer zu erstatten, wenn er seine Kompetenzen überschreitet. Das ist beispielsweise der Fall, wenn ein Beirat durch Aushänge im Treppenhaus der Wohnungseigentumsan-

340 AG Hattingen, 23.01.2014, 28 C 30/13, DWE 2014, 150; OLG Schleswig, 13.12.2004, 2 W 124/03; NZM 2005, 588. Ein Aufwendungsersatz von 500 Euro entspricht nicht ordnungsmäßiger Verwaltung, AG München, 481 C 15463/16 WEG, ZWE 2017, 419.

341 OLG Schleswig, 13.12.2004, 2 W 124/03, NZM 2005, 588.

342 AG München, 01.02.2017, 481 C 15463/16 WEG, ZWE 2017, 419 = IBRRS 2017, 3420.

343 Drasdo, NJW-Spezial 2005, 529, mit Hinweis auf BayObLG, 30.04.1999, 2 Z BR 153/98, 153/98, NZM 1999, 862.

344 Drasdo, NJW-Spezial 2005, 529, mit Hinweis auf BayObLG, 30.04.1999, 2 Z BR 153/98, 153/98, NZM 1999, 862.

345 Drasdo, NJW-Spezial 2005, 529, mit Hinweis auf BayObLG, 30.04.1999, 2 Z BR 153/98, 153/98, NZM 1999, 862.

346 AG Kiel, 11.08.2005, 105 II 25/2004, bestätigt durch LG Kiel, 20.01.2006, 3 T 428/05, n. v.

347 AG München, 01.02.2017, 481 C 15463/16 WEG, ZWE 2017, 419.

lage das Abstimmungsverhalten und die rechtlichen Schritte eines Miteigentümers kritisiert[348].

10.2 Vergütung bei entgeltlicher Tätigkeit

Den Verwaltungsbeiräten können zusätzlich zu den ihnen nach dem Gesetz obliegenden Aufgaben und Befugnissen weitere Aufgaben durch Vereinbarung oder durch Beschluss übertragen werden, wofür dann oftmals entsprechende Vergütungsregelungen durch Vereinbarung getroffen werden – wobei eine derartige Vergütung auch bereits im Falle einer erhöhten Aufwendungspauschale in Betracht kommt. Einem Verwaltungsbeirat muss aber dann auch bewusst sein, dass er dadurch die gesetzliche Haftungsprivilegierung des § 29 Abs. 3 WEG verliert[349]. In diesen Fällen kommt zwischen den Mitgliedern des Verwaltungsbeirates und der Gemeinschaft der Wohnungseigentümer

- ein Dienstvertrag im Sinne von § 611 BGB zustande oder
- ein Geschäftsbesorgungsvertrag gemäß § 675 ff. BGB[350].

Durch den Dienstvertrag werden gemäß § 611 BGB die Mitglieder des Verwaltungsbeirates, zur Leistung der versprochenen Dienste, die Gemeinschaft der Wohnungseigentümer zur Gewährung der vereinbarten Vergütung verpflichtet. Gegenstand des Vertrages zwischen Beirat und Gemeinschaft der Wohnungseigentümer können Dienste oder Leistungen jeder Art sein, vorausgesetzt allerdings, es handelt sich um Angelegenheiten im Rahmen ordnungsmäßiger Verwaltung, durch die nicht in die unabdingbaren Aufgaben und Befugnisse der Wohnungseigentümer oder des Verwalters eingegriffen wird.
Beim Geschäftsbesorgungsvertrag im Sinne des § 675 Abs. 1 BGB handelt es sich um einen Dienstvertrag oder um einen Werkvertrag, der eine Geschäftsbesorgung zum Gegenstand hat, die – anders als beim Auftrag – gegen Entgelt erbracht wird. Bei der Geschäftsbesorgung handelt es sich dabei nach herrschender Meinung um jede selbständige Tätigkeit wirtschaftlicher Art zur Wahrung fremder Vermögensinteressen.

---

348 KG, 19.07.2004, 24 W 349/02, DWE 2004, 141 = NZM 2004, 951.

349 Vgl. hierzu und zu den Folgen einer entgeltlichen Tätigkeit Kapitel 11.

350 Brych, WE 1990, 43; zur Notwendigkeit einer Vereinbarung über eine Vergütung vgl. auch Drasdo, NJW-Spezial 2005, 529, der bei Fehlen einer Vereinbarung von einer unentgeltlichen Tätigkeit ausgeht; a. A. Deckert, DWE 2005, 12, wonach über einen Aufwendungsersatz hinausgehende Vergütungen in Richtung einer entgeltlichen Geschäftsbesorgung ordnungsmäßiger Verwaltung widersprechen.

Die nach diesen Grundsätzen zwischen Verwaltungsbeirat und Gemeinschaft der Wohnungseigentümer vereinbarten Vergütungen für Aufträge bzw. Leistungen, die neben den gesetzlich übertragenen Aufgaben erbracht werden sollen, sind hinsichtlich des Leistungsumfangs im Rahmen ordnungsmäßiger Verwaltung durch mehrheitliche Beschlussfassung festzulegen. Die dafür zu gewährende Vergütung ist durch Vertrag zu regeln.
Andererseits wird die Auffassung vertreten[351], dass auch Beträge von einigen hundert Euro als pauschale Jahresvergütung noch eine angemessene finanzielle Entschädigung auch für die ehrenamtliche Tätigkeit darstellen können, ohne dass dies eine leistungsbezogene Vergütung darstellt. Insoweit kann sich die Bemessung der Vergütung orientieren an

- der Größe der Gemeinschaft,
- dem Arbeitsaufwand der Beiratsmitglieder,
- der Häufigkeit der Beiratssitzungen und
- dem sonstigen zeitlichen Umfang der Beiratstätigkeit.

Nicht ordnungsmäßiger Verwaltung entsprechen nach dieser Auffassung jedoch mehrheitlich beschlossene regelmäßige monatliche Zahlungen zur Abgeltung des Zeitaufwandes. Eine solche Zuwendung hätte Vergütungsfunktion und sei mit dem Auftragsverhältnis nicht vereinbar. Wird den Beiratsmitgliedern für ihre Tätigkeit im Sinne einer entgeltlichen Geschäftsbesorgung gemäß § 675 Abs. 1 BGB eine Vergütung gezahlt, sind nicht nur die steuerlichen und versicherungsrechtlichen Konsequenzen zu berücksichtigen, sondern auch das größere Haftungsrisiko[352]. Grundsätzlich müssen jedenfalls diese Vergütungen von den betreffenden Beiratsmitgliedern bei der Lohn- oder Einkommensteuererklärung angegeben werden.

10.3 Vergütungsregelungen für Sonderausschüsse

Wenn in der Gemeinschaft der Wohnungseigentümer kein oder nur wenige Wohnungseigentümer bereit sind, sich als Beiratsmitglied bestellen zu lassen, bleibt es den Wohnungseigentümern unbenommen, für einzelne Beiratsaufgaben oder auch für andere Aufgaben einzelne Wohnungseigentümer oder auch

351 Wolicki in Bärman/Seuß, Praxis des Wohnungseigentums, 2017, § 51 Rd. 1.
352 Zur Steuerpflicht bei Zahlung einer Vergütung vgl. auch Drasdo, NJW-Spezial 2005, 529, der die Steuerpflicht aus dem für Aufsichtsräte geltenden § 18 Abs. 1 Nr. 4 EStG herleitet (mit Hinweis auf FG Köln, EFG 1995, 255).

Sonderausschüsse[353] zu bestellen und in diesen Fällen entsprechende Vergütungsregelungen im Rahmen ordnungsmäßiger Verwaltung mehrheitlich zu beschließen.
So entspricht es ordnungsmäßiger Verwaltung, wenn den mehrheitlich bestellten Mitgliedern eines Bauausschusses oder mehrheitlich bestellten Rechnungsprüfern ebenso wie den Mitgliedern des Verwaltungsbeirates ein pauschalierter Aufwendungsersatz unter Berücksichtigung der Vergütungsregelung nach dem Bundesreisekostengesetz auch rückwirkend zugesprochen wird[354]. Derartige Sonderausschüsse stehen allerdings dem Verwaltungsbeirat, auch im Hinblick auf etwaige Haftungsprivilegierungen etc., nicht gleich.

353 BGH, 05.02.2010, V ZR 126/09, NZM 2010, 325 = ZMR 545.
354 OLG Schleswig, 13.12.2004, 2 W 124/03, NZM 2005, 588.

11. Haftung des Verwaltungsbeirates

Die umfassende Reform des WEMoG hat auch Neuerungen und Klärungen zum Haftungssystem des Verwaltungsbeirats gebracht. Zielrichtung des Gesetzgebers war es, die Bereitschaft, sich im Verwaltungsbeirat zu engagieren, zu fördern.
Dabei steht die Überlegung im Vordergrund, dass bei unentgeltlicher Übernahme eines „Amtes" auch eine Privilegierung der gesetzlichen Haftungsgrundsätze erwartet werden darf.
So war bislang rechtlich umstritten und nicht abschließend geklärt, inwieweit ein Verwaltungsbeiratsmitglied bei Ausübung seiner Verwaltungsbeiratstätigkeit auch bereits für einfache Fahrlässigkeit haftet. Der Gesetzgeber hat diesen Aspekt aufgegriffen und zur Stärkung des Verwaltungsbeirats die Haftung seiner Mitglieder bei unentgeltlicher Tätigkeit beschränkt.

11.1 Haftungsgrundlage

Die Haftung der Verwaltungsbeiräte als Amtsträger des Organs Verwaltungsbeirat ergibt sich zum einen aus dem Auftragsverhältnis im Sinne der §§ 662 ff. BGB, das aufgrund des Bestellungsbeschlusses der Wohnungseigentümerversammlung zwischen der Gemeinschaft der Wohnungseigentümer und jedem einzelnen Beiratsmitglied durch Annahme der Bestellung zustande kommt[355]. Kommt es sogar zum Abschluss eines gesonderten Beiratsvertrags, besteht eine weitere schuldrechtliche Verbindung.
Das Haftungsverhältnis kann sich dabei einerseits auf die sich aus § 29 WEG ergebenden gesetzlichen Pflichten beziehen, andererseits aber auch auf darüber hinausgehende weitere Aufgaben im Sinne der §§ 662 ff. BGB bei unentgeltlicher Tätigkeit als Regelfall bzw. bei entgeltlicher Tätigkeit als Dienstvertrag im Sinne der §§ 675, 611 BGB, der eine Geschäftsbesorgung zum Gegenstand hat[356].
Die Tatsache, dass stets das einzelne Beiratsmitglied durch Annahme des „Auftrages" nach erfolgtem Bestellungsbeschluss durch die Wohnungseigentümerversammlung und den dadurch zustande kommenden schuldrechtlichen Vertrag Auftragnehmer der Gemeinschaft der Wohnungseigentümer wird, und

355 Zur Unterscheidung zwischen Bestellungsakt und Beiratsvertrag als schuldrechtlichem Vertrag zwischen dem einzelnen Beiratsmitglied und der Wohnungseigentümergemeinschaft vgl. Becker in Bärmann, WEG, § 29 Rn. 22 ff.
356 Gottschalg, ZWE 2001, 185/186; vgl. auch Drasdo, NZM 1998, 15.

der Verwaltungsbeirat als „Organ“ keine eigene Rechtspersönlichkeit besitzt, hat zur Folge, dass jedes einzelne Mitglied des Verwaltungsbeirates gemäß § 421 Satz 1 BGB als Gesamtschuldner haften kann[357], wenn sie jeweils ein eigenes Verschulden trifft. Denn entsprechend § 425 BGB haftet jedes Mitglied des Verwaltungsbeirats nur für jeweils eigenes pflichtwidriges Verhalten.
Das gilt sowohl im Rahmen der Ausübung der dem Verwaltungsbeirat gesetzlich übertragenen Pflichten als auch bei Wahrnehmung anderer Aufgaben, die dem Beirat durch mehrheitliche Beschlussfassung übertragen worden sind[358]. Für eigenes Verschulden haftet jedes einzelne Beiratsmitglied persönlich. Dessen schuldhaftes Verhalten kann nicht den übrigen Mitgliedern zugerechnet werden[359]. Als Ausnahmefall kann hier jedoch gelten, wenn innerhalb des Beirats eine Delegation von Aufgaben auf ein anderes Mitglied erfolgt – und dadurch Überwachungspflichten ausgelöst werden[360]. Hier wird abzuwarten sein, ob sich aus der mit der WEG-Reform 2020 eingeführten Überwachungsverpflichtung des § 29 Abs. 2 WEG neue Pflichtverletzungen ergeben. Jedenfalls begründet die Erweiterung des Aufgabenbereichs Handlungspflichten, bei denen sowohl die fehlerhafte Ausübung als auch das Unterlassen dieser Verpflichtung(en) Pflichtverletzungen begründen können[361].
Als weitere Grundlage für Haftungstatbestände kommt hinzu die Haftung aus vollmachtloser Vertretung gemäß §§ 177, 179 BGB aus angemaßter Eigengeschäftsführung. Daneben besteht auch eine Haftungsgrundlage aus unerlaubter Handlung gemäß § 823 ff. BGB[362], i. d. R. wird aber infolge denkbarer Vermögensverletzungen nicht immer der Schutzbereich der unerlaubten Handlung eröffnet sein.

11.2 Vermeidung einer persönlichen Haftung

Mehrere Beiratsmitglieder haften nur für ihr eigenes pflichtwidriges Verhalten. Ein Verschulden eines Beiratsmitglieds wird daher dem anderen Beiratsmitglied nicht zugerechnet. Bei unterschiedlichen bzw. gegenteiligen Auffassun-

357 OLG Düsseldorf, 24.09.1997, 3 Wx 221/97, NZM 1998, 36.
358 OLG Düsseldorf, 24.09.1997, 3 Wx 221/97, NZM 1998, 36; Spielbauer in Spielbauer/Then, WEG, § 29 Rn. 18.
359 Zur persönlichen Haftung der einzelnen Beiratsmitglieder, und zwar nur für eigenes Verschulden, vgl. Armbrüster, JuS 2002, 569; Gottschalg, a. a. O. Rn. 406; ders. in ZWE 2001, 185; Staudinger/Lehmann-Richter, § 29 WEG, Rn. 93.
360 Dötsch/Schultzky/Zschieschack, WEG-Recht 2021, Kapitel 13, Rn. 102.
361 Vgl. Kapitel 9.
362 Vgl. ausführlich zu den Grundlagen der Haftung des Verwaltungsbeirates Gottschalg a. a. O. Rn. 405 ff.

gen zwischen einem einzelnen und den übrigen Mitgliedern des Beirates sollte dieser Eigentümer deshalb sein abweichendes Votum in jedem Fall kundtun, um eine persönliche Haftung zu vermeiden[363].
Kann das überstimmte Beiratsmitglied seine gegenteilige Auffassung nicht durch entsprechende Protokollierung nachweisen, haftet er auch persönlich für einen eingetretenen Schaden. Voraussetzung für jede Haftung ist jedoch stets ein Schaden, der durch schuldhaftes Handeln oder Unterlassen des Beirates oder einzelner Mitglieder verursacht worden sein muss. Es muss also ein ursächlicher Zusammenhang zwischen dem Schaden und dem Handeln bzw. Unterlassen des Beirates bestehen.

11.3 Haftungsmaßstab

Nachdem der Verwaltungsbeirat selbst nicht rechtsfähig ist, können nur die Beiratsmitglieder und nicht der Verwaltungsbeirat als solcher haften. Grundsätzlich haften die Beiratsmitglieder gegenüber der Gemeinschaft der Wohnungseigentümer für die pflichtgemäße Erfüllung der ihnen nach dem Gesetz obliegenden oder den zusätzlich durch Beschluss der Wohnungseigentümer übertragenen Aufgaben[364]. Im Fall einer Verletzung dieser Pflichten haftet er wegen Pflichtverletzung gemäß § 280 BGB.
Die Beiratsmitglieder haften insoweit einerseits für Schäden, die aus Untätigkeit, Verzögerung oder mangelhafter Erfüllung, sogenannter Schlechterfüllung, seiner Aufgaben entstehen, beispielsweise durch Unterlassung oder fehlerhafte Prüfung der Jahresabrechnung und des Wirtschaftsplans sowie aus Verletzung der ihm obliegenden Informations- oder Hinweispflichten, beispielsweise bei nicht ordnungsmäßiger Kontenführung des Verwalters oder bei Verwendung gesetzeswidriger Verteilungsschlüssel in der Jahresabrechnung.
Bis auf wenige Ausnahmen erfordern die Grundsätze des Schadensersatzrechts des BGB für einen Anspruch auf Schadensersatz, dass der in Anspruch Genommene seine Pflichtverletzung durch ein vorwerfbares Verhalten zu vertreten hat. Dieser Grundsatz wird in § 276 BGB gesetzlich normiert. Danach besteht – vereinfacht dargestellt – ein Vertretenmüssen für Vorsatz und Fahrlässigkeit. Vorsatz ist hierbei das Wissen und Wollen des pflichtwidrigen Erfolgs. Fahrlässigkeit liegt hingegen dann vor, wenn die im Verkehr erforderliche Sorgfalt außer Acht gelassen wird.

363 Armbrüster, ZWE 2001, 464/464.
364 OLG Düsseldorf, 24.09.1997, 3 Wx 221/97, NZM 1998, 36 = ZMR 1998, 104.

Fahrlässig gehandelt wird, wenn nicht die Sorgfalt und Vorsicht aufgebracht wird, die in einer bestimmten Situation objektiv vonnöten ist. Damit das Verhalten als fahrlässig eingestuft wird, müssen außerdem die Folgen des sorglosen Verhaltens absehbar und vermeidbar sein, also prinzipiell die Möglichkeit bestehen, dass bei ordnungsmäßiger Verhaltensweise keine negativen Folgen zu erwarten sind.
Fahrlässigkeit wird hierbei in unterschiedliche „Grade" eingeteilt:
Einfache Fahrlässigkeit liegt dann vor, wenn die besonderen Merkmale der groben Fahrlässigkeit nicht erfüllt sind. Dieser Maßstab wird objektiv bestimmt. Einfache Fahrlässigkeit liegt prinzipiell beim Verursachen eines Schadens aufgrund einer kurzen, spontanen Unachtsamkeit vor („Das kann ja mal passieren").
Grobe Fahrlässigkeit liegt demgegenüber vor, wenn die im Verkehr erforderliche (nicht übliche) Sorgfalt in besonders schwerem Maße verletzt wird, also einfachste, ganz naheliegende Überlegungen nicht angestellt werden und dasjenige nicht beachtet wird, was im gegebenen Fall jedem einleuchten musste[365]. Dies erfordert in der Regel ein deutliches Vernachlässigen der notwendigen Sorgfaltspflichten („Das darf nicht passieren!"). Bei der Beurteilung ist ein subjektiv-objektiver Maßstab anzuwenden.
Die in § 277 BGB gesetzlich normierte Sorgfalt in eigenen Angelegenheiten (der sog. „diligentia quam in suis") reicht als Sorgfaltsmaßstab des Verwaltungsbeirats hierbei nicht aus[366].
Maßstab für die Verwaltungsbeiräte ist daher grundsätzlich gemäß § 276 BGB die im Geschäftsverkehr erforderliche (nicht „übliche") Sorgfalt[367]. Man wird für einen Verwaltungsbeirat daher hier die Sorgfalt eines ordentlichen und gewissenhaften Sachwalters fordern müssen[368], d. h. das Wissen ordentlicher, interessierter und gewissenhaft tätiger Prüfer[369]. Deshalb kann sich ein Beiratsmitglied auch nicht auf unzureichende oder fehlende Sachkenntnis im Einzelfall berufen.
Der Haftungsmaßstab der Verwaltungsbeiräte – insbesondere eben der ehrenamtlichen – entspricht allerdings nicht demjenigen der Verwalter, vor allem im Zusammenhang mit der fehlerhaften Jahresabrechnung, es sei denn die Fehler sind bei der Prüfung offensichtlich auffindbar (z. B. fehlerhafter Verteilungs-

365 BGH, 03.11.2016, III ZR 286/15, NJW-RR 2017, 596; BGH, 09.02.2005, VIII ZR 82/03, NJW 2005, 1365.
366 Gottschalg, a. a. O., Rn. 426 ff.; ders. in ZWE 2001, 185.
367 Gottschalg, a. a. O., Rn. 426.
368 Dötsch/Schultzky/Zschieschack, WEG-Recht 2021, Kapitel 13, Rn. 105.
369 Wolicki, ZWE 2019, 354, der vom durchschnittlich zahlenbegabten Eigentümer spricht.

schlüssel, rechnerisch nicht schlüssig)[370]. Verstößt ein Beiratsmitglied schuldhaft gegen die ihm obliegenden Sorgfaltspflichten oder handelt er fahrlässig oder sogar vorsätzlich, macht er sich grundsätzlich schadensersatzpflichtig. Das gilt grundsätzlich auch bei leichter Fahrlässigkeit[371]. Hierbei wird gerade bei Laien als Verwaltungsbeiratsmitglied aber nicht zu fordern sein, dass dieser jedwede rechtlichen wie tatsächlichen Feinheiten des Wohnungseigentumsgesetzes als Sorgfaltsmaßstab gegen sich gelten lassen muss.

11.3.1 Unentgeltliche Tätigkeit

Zur Abmilderung dieses Haftungsrisikos und Stärkung der Attraktivität des Verwaltungsbeirats erfolgte im Rahmen des WEMoG eine gesetzliche Haftungsregelung des Verwaltungsbeirats in § 29 Abs. 3 WEG. Die neu eingeführte Regelung beschränkt nunmehr – als gesetzliche Regelung – die Haftung eines Beirats auf Vorsatz und grobe Fahrlässigkeit, soweit dieser unentgeltlich tätig ist und Schäden im Rahmen der Wahrnehmung von Organpflichten entstehen. Der Gesetzgeber hat damit die bislang umstrittene Frage, inwiefern eine Haftung analog § 31 a BGB zu reduzieren war, durch eine ausdrückliche gesetzliche Regelung geklärt – soweit diese nicht durch eine Vereinbarung der Wohnungseigentümer abbedungen wurde[372]. Unentgeltlich ist die Tätigkeit des Verwaltungsbeirats, wenn die Tätigkeit von keiner Gegenleistung abhängig ist. Grob fahrlässig handelt der Verwaltungsbeirat in jedem Fall dann, wenn er sich nicht an ausdrückliche Weisungen der Wohnungseigentümerversammlung hält. Das ist beispielsweise dann der Fall, wenn er beim Abschluss des Verwaltungsvertrages dem Verwalter entgegen der ausdrücklichen Weisung der Wohnungseigentümergemeinschaft die uneingeschränkte Verfügungsmacht über ein Eigentümer-Rücklagenkonto von erheblicher Höhe einräumt oder wenn er bei der Prüfung der Jahresabrechnung auf eine Kontrolle der Kontenbelege verzichtet[373].

Im Übrigen kann auch eine Mithaftung des Verwaltungsbeirates neben der des Verwalters zu Schadensersatzansprüchen der Gemeinschaft führen, wenn diese wegen einer spekulativen Anlageempfehlung des Beirates finanzielle Verluste erleidet[374].

370 Siehe auch Kapitel 9.1.1.
371 Zu den Einschränkungen bei Unentgeltlichkeit nachfolgend.
372 Vgl. hierzu auch Kapitel 11.4.
373 OLG Düsseldorf, 24.09.1997, 3 Wx 221/97, NZM 1998, 36 = ZMR 1998, 104.
374 OLG Celle, 14.04.2004, 4 W 7/04, NZM 2004, 426.

Werden die Mitglieder des Verwaltungsbeirates allerdings ausdrücklich aufgrund besonderer Fachkenntnis bestellt, so z. B. bei der Bestellung eines Rechtsanwaltes, eines Steuerberaters oder eines Architekten, so wird von diesen Beiratsmitgliedern die berufsübliche Kenntnis und Sorgfalt zu erwarten und als Haftungsmaßstab zugrunde zu legen sein[375].

11.3.2 Entgeltliche Tätigkeit

Grundsätzlich wird man im Übrigen hinsichtlich der fachlichen Qualifikationsanforderungen zwischen dem ehrenamtlich tätigen und dem entgeltlich tätigen „Profi-" Beirat zu unterscheiden haben[376].
Von entgeltlich tätigen Beiratsmitgliedern wird erwartet, dass sie ihre Aufgaben mit der erhöhten „Sorgfalt eines ordentlichen Kaufmanns[377] (der Grundstücks- und Wohnungswirtschaft)" zu erfüllen haben. Der Sorgfalts- und Haftungsmaßstab ist daher, neben dem Verlust des nachfolgend erläuterten gesetzlichen Haftungsprivilegs, deutlich strenger anzusetzen. Die Sorgfalt eines ordentlichen Kaufmanns, d. h. eines auch im HGB nicht näher beschriebenen Idealtyps, ist im Hinblick auf die verlangte Sorgfalt vielfach größer als diejenige, die gemäß § 276 Abs. 2 BGB vorausgesetzt wird.

11.4 Gesetzliche Haftungsbeschränkung und Haftungsausschluss gegenüber der Gemeinschaft der Wohnungseigentümer

Da die Beiratstätigkeit im Regelfall ehrenamtlich und damit unentgeltlich wahrgenommen wird, war es bislang nicht nur vertretbar, sondern auch geboten, das Haftungsrisiko der Beiratsmitglieder dadurch zu mindern, dass – neben der Möglichkeit einer Absicherung mittels Haftpflichtversicherung – die Haftung auf Vorsatz und grobe Fahrlässigkeit beschränkt und eine Haftung für leichte Fahrlässigkeit ausgeschlossen wurde.
Dem ist der Gesetzgeber nunmehr auch durch eine gesetzliche Haftungsregelung im Falle der unentgeltlichen Tätigkeit auf eine Begrenzung der Haftung für grob fahrlässige oder vorsätzliche Handlungsweise nachgekommen, soweit es um verursachte Schäden geht, die in Wahrnehmung der Pflichten als Organ

375 Gottschalg, ZWE 2001, 185.
376 Becker in Bärmann, WEG, § 29 Rn. 112, m. w. N.
377 Vgl. § 347 Abs. 1 HGB.

und damit bei „beiratsspezifischer“ Tätigkeit als Verwaltungsbeirat entstehen. Es dient dem Ziel, die Bereitschaft zu fördern und sich unentgeltlich als Mitglied des Verwaltungsbeirats zu engagieren. Aufgrund der gesetzlichen Verankerung bedarf es seit Inkrafttreten des WEMoG keiner vertraglichen Regelung mehr; vielmehr ergibt sich die Haftungsbeschränkung direkt aus dem Gesetz.

Unabhängig von einem Haftungsausschluss bzw. einer Haftungsbeschränkung in der Gemeinschaftsordnung enthält nunmehr das WEG in § 29 Abs. 3 WEG eine Haftungsprivilegierung auf grob fahrlässige oder vorsätzliche Handlungsweise, d. h. eine Haftung des unentgeltlich tätigen Verwaltungsbeiratsmitglieds für einen einfach fahrlässig verursachten Schaden ist gesetzlich ausgeschlossen. Die Regelung des § 29 Abs. 3 WEG gilt im sog. Innenverhältnis zwischen Verwaltungsbeirat und der Gemeinschaft der Wohnungseigentümer, soweit die Haftung auf sogenannte beiratsspezifische Tätigkeit gestützt wird. Die Haftungserleichterung kommt einem Beirat also nicht zugute, wenn es um eine Haftung für ein allgemeines Verhalten geht, für das die Eigenschaft als Beiratsmitglied mithin keine Rolle spielt. Beschädigt z. B. das Verwaltungsbeiratsmitglied fahrlässig die Hauseingangstür, steht dies in keinem Zusammenhang mit dessen Amt, so dass er auch für einfache Fahrlässigkeit haftet – es sei denn, dies erfolgt im Rahmen der jährlichen Begehung mit dem Verwalter, d. h. im Rahmen der Ausübung einer Organpflicht.

Die gesetzliche Haftungserleichterung setzt weiter ausdrücklich voraus, dass keine entgeltliche Tätigkeit, sondern eben eine unentgeltliche Tätigkeit des Beirats/Beiratsmitglieds vorliegt. Bei einer – auch nur geringfügigen – Entgeltlichkeit (z. B. auch einer zu hoch angesetzten Aufwandspauschale[378]) greift die Privilegierung des § 29 Abs. 3 WEG nicht.

Hierin liegt ein wesentlicher Unterschied zu den aus dem Vereinsrecht bekannten Regelungen der §§ 31 a ff. BGB vor. Dort ist vorgesehen, dass Mitglieder von Vereinsorganen (insbesondere Vorstand, Mitglied des Vorstands und anderer Vereinsorgane) oder besondere Vertreter für Schäden, die dem Verein oder einem Vereinsmitglied durch die Wahrnehmung ihrer Pflichten entstehen, nur haften, wenn sie die Schäden vorsätzlich oder grob fahrlässig verursacht haben. Voraussetzung dieser Privilegierung dort ist, dass das Organmitglied oder der Vertreter unentgeltlich für den Verein tätig ist oder die Vergütung nicht mehr als 720 Euro jährlich beträgt. Dieser Betrag wurde entsprechend der Ehrenamtspauschale erhöht und der dortigen, an den Steuerfreibetrag in § 3

378 Vgl. Kapitel 10.1.

Nr. 26 a EStG angelehnten, unschädlichen Vergütungsgrenze von 720 Euro jährlich angepasst. § 31 a BGB ist damit weiter gefasst als § 29 Abs. 3 WEG, da nach § 31 a BGB auch geringfügige Vergütungen bis in Höhe von 720 Euro jährlich nicht zum Verlust des Haftungsprivilegs führen.
Zur Vermeidung einer etwaigen Entgeltlichkeit und damit dem Verlust der gesetzlichen Haftungsprivilegierung des § 29 Abs. 3 WEG wird es zukünftig daher zu empfehlen sein, anstelle der Zahlung von Aufwandspauschalen für die im Rahmen der ehrenamtlichen Tätigkeit üblicherweise anfallenden Kosten zum Ersatz der konkret nachgewiesenen Aufwendungen zu kommen.
Der bloße Ersatz von Aufwendungen ist zwar noch kein Entgelt und steht daher zwar grundsätzlich der gesetzlichen Privilegierung nicht entgegen. Problematisch ist aber die Bewertung, sobald Aufwendungen soweit nicht nur konkret nachgewiesene Aufwendungen ersetzen, sondern eine pauschale Zahlung erfolgt – welche diese konkreten Aufwendungen übersteigen können. Hier wird künftig nicht nur abzuwägen sein, ob die Höhe der pauschalierten Aufwendungen typischerweise auch tatsächlich bestehen oder entstehen (können), und daher auszuschließen ist, dass kein verstecktes Entgelt besteht oder ob nicht besser von einer Pauschale insgesamt Abstand genommen wird, um die gesetzliche Haftungsprivilegierung nicht zu verlieren.
Denn eine Aufwandspauschale birgt als Pauschale das Risiko, dass eine solche gerade kein reiner Aufwendungsersatz ist, sondern auch eine verkappte Vergütung enthält[379]. Allerdings verliert der einzelne Verwaltungsbeirat bei einer auch nur geringfügigen Entgeltlichkeit dann seine gesetzliche Haftungsprivilegierung, wobei die Wertgrenze des § 31 a Abs. 1 Satz 1 BGB (derzeit 720 Euro pro Jahr) bereits keine Unentgeltlichkeit mehr darstellen dürfte.
Ob diese Folge von Gerichten zukünftig derartig streng gesehen werden wird, ist natürlich noch nicht bekannt, allerdings muss eine derartig strenge Anwendung und Auslegung in Betracht gezogen werden. Inwiefern es hierbei hilfreich und aus Sicht des Verwaltungsbeirats ausreichend ist, mit der Beschlussfassung über eine pauschale Aufwandsentschädigung dann zumindest auch die ausdrückliche Geltung des § 29 Abs. 3 WEG mitzubeschließen[380] (also quasi zu definieren, dass die Aufwendungsersatzpauschale noch unter diese Haftungsprivilegierung fällt) oder alternativ eben im Beiratsvertrag derartige Haftungserleichterungen zu vereinbaren, bleibt abzuwarten.
Zu beachten ist, dass die Regelung des § 29 Abs. 3 WEG durch Vereinbarung abbedungen werden kann, d. h. keine zwingende Vorschrift darstellt.

379 Hügel/Elzer, WEG, 3. Auflage, § 29 Rn. 87 und Hinweis auf Kappus, NZM 2019, 804.
380 So Empfehlung in Dötsch/Schultzky/Zschieschack, WEG-Recht 2021, Kapitel 13, Rn. 109.

Anders als § 31 a Abs. 1 Satz 3 BGB sieht § 29 Abs. 3 WEG keine ausdrückliche Beweislastverteilung für das Vorliegen von Vorsatz oder grober Fahrlässigkeit hin zum geschädigten Anspruchssteller vor. Hier wird, wenn nicht sich bereits aus § 29 Abs. 3 WEG ergebend, dann § 31 a Abs. 1 Satz 3 BGB analog heranzuziehen sein.

11.5 Gewillkürte Haftungsbeschränkung

Nachdem § 29 Abs. 3 WEG dispositiv ist, d. h. durch Vereinbarung (nicht aber durch Beschluss) abbedungen werden kann, können sich abweichende Regelungen aus der Gemeinschaftsordnung ergeben. Hier wiederum muss entsprechend § 47 WEG[381] die Altvereinbarung auf deren weitere Gültigkeit ausgelegt werden.

Nachdem die gesetzliche Haftungsbeschränkung bereits eine deutliche Verbesserung für Beiratsmitglieder darstellt, stellt sich die Frage, ob und wie ein noch weitreichenderer Schutz der unentgeltlich oder auch entgeltlich tätigen Beiratsmitglieder erreicht werden kann. In Betracht kommt z. B.

- ein Haftungsausschluss für grobe Fahrlässigkeit sowie
- ein genereller Haftungsausschluss und damit auch für Vorsatz
- ein Haftungsausschluss für einfache Fahrlässigkeit bei entgeltlicher Tätigkeit.

Bei diesen vorgenannten Regelungsalternativen bedarf es der Differenzierung, mit welcher rechtlichen Konstruktion eine rechtswirksame Regelung überhaupt möglich ist.

In Betracht hierzu kommt eine Regelung

- durch Vereinbarung (z. B. in der Gemeinschaftsordnung),
- durch Beschluss der Wohnungseigentümer oder
- im Beiratsvertrag zwischen Beirat und der Gemeinschaft der Wohnungseigentümer.

381 Vgl. Kapitel 1.8.

11.5.1 Haftungsbegrenzung bei unentgeltlicher Tätigkeit

a) Durch Vereinbarung

Der unentgeltlich tätige Verwaltungsbeirat kommt hinsichtlich einfacher Fahrlässigkeit durch die zum 01.12.2020 geltende Regelung des § 29 Abs. 3 WEG bereits in den Genuss einer gesetzlichen Haftungsprivilegierung. Dennoch kann auch die Gemeinschaftsordnung oder eine sonstige Vereinbarung für diese Art des Vertretenmüssens ebenfalls einen Haftungsausschluss vorsehen.
Ein Haftungsausschluss des unentgeltlich tätigen Verwaltungsbeirats für „grobe Fahrlässigkeit" kann wegen Abweichung von der gesetzlichen Regelung (§ 276 BGB) nach hier vertretener Auffassung letztendlich nur durch eine Vereinbarung gemäß § 10 Abs. 1 WEG bzw. in der Gemeinschaftsordnung erfolgen. Den Wohnungseigentümern kann auch durch eine (ausreichend bestimmte) Öffnungsklausel in der Gemeinschaftsordnung die Beschlusskompetenz vorbehalten werden, generell oder für den Einzelfall[382] über das Haftungsstatut eines Verwaltungsbeirats zu entscheiden. Dies umfasst dann, je nach Regelung der Öffnungsklausel, eine Beschlusskompetenz für eine Einschränkung der Haftung auch für grobe Fahrlässigkeit. Erfolgt ein derartiger Beschluss aufgrund der vereinbarten Öffnungsklausel, muss darauf geachtet werden, dass dieser dann auch gemäß § 10 Abs. 3 WEG in das Grundbuch eingetragen wird, um die Wirkung auch Sondernachfolgern gegenüber zu entfalten.
Nicht möglich ist nach diesseitiger Auffassung eine Regelung innerhalb einer Gemeinschaftsordnung oder einer Vereinbarung, die die Haftung für Vorsatz ausschließen soll. Eine derartige Regelung ist im Hinblick auf § 276 Abs. 3 BGB nichtig.

b) Durch Beschluss

Umstritten ist, ob für eine Haftungsbegrenzung/einen Haftungsausschluss auch ohne Öffnungsklausel in der Gemeinschaftsordnung – unter analoger Anwendung der §§ 31 a, 86 BGB – ein bloßer Mehrheitsbeschluss ausreichend bzw. möglich ist[383]. Die Regelung des § 29 Abs. 3 WEG eröffnet nach hiesiger Auffassung keine gesonderte Beschlusskompetenz, sondern enthält eine gesetzliche Haftungsprivilegierung.

---

382 AG Friedberg, 31.05.2017, 2 C 1076/16, ZWE 2018, 138.

383 Gottschalg, ZWE 2001, 185/188, mit Hinweis auf Merle, DWE 1984, 2/6; OLG Frankfurt, OLGZ 1988, 188; einen Mehrheitsbeschluss bejahend: Spielbauer/Then § 29, Rd. 19.

Soweit eine abstrakte und generelle Regelung zur Haftungsbegrenzung/zum Haftungsausschluss – mit Ausnahme eines solchen für einfache Fahrlässigkeit – aller zukünftigen Mitglieder eines Verwaltungsbeirats an sich beschlossen werden soll, besteht hierfür infolge dauerhafter Abweichung von den gesetzlichen Vorgaben des § 276 Abs. 1 BGB wohl keine Beschlusskompetenz, d. h. ein solcher Beschluss ist mutmaßlich nichtig, soweit er sich nicht nur auf einfache Fahrlässigkeit bezieht[384]. Denn infolge der WEG-Reform 2020 ist insoweit durch die Einführung des § 29 Abs. 3 WEG keine dauerhafte Abweichung einer gesetzlichen Haftungsregelung bei einfacher Fahrlässigkeit mehr gegeben, da § 29 Abs. 3 WEG insoweit § 276 Abs. 1 BGB vorgeht.
Somit wäre ein mehrheitlich gefasster Beschluss, welcher die Haftung des einzelnen Beiratsmitgliedes lediglich auf Vorsatz und grobe Fahrlässigkeit beschränkt, d. h. eine Haftung für leichte Fahrlässigkeit ausschließt, jedenfalls im Falle der unentgeltlichen Tätigkeit des Beiratsmitglieds ordnungsmäßiger Verwaltung entsprechend[385], ist allerdings nunmehr infolge der gesetzlichen Regelung des § 29 Abs. 3 WEG nicht mehr notwendig.
Für den Ausschluss der Haftung für grobe Fahrlässigkeit wird anlässlich einer konkreten Bestellung der gewählten Mitglieder eines Verwaltungsbeirats, eine Beschlusskompetenz teilweise bejaht[386]. Nach hier vertretener Auffassung ist ein genereller Haftungsausschluss bzw. Haftungsbegrenzung auf grobe Fahrlässigkeit allerdings durch Beschluss nicht möglich, da hierfür keine Beschlusskompetenz besteht; ein derartiger Beschluss entspricht aber zumindest nicht ordnungsmäßiger Verwaltung und ist damit anfechtbar[387].
Soll eine Haftung wegen Vorsatz durch Beschluss ausgeschlossen werden, ist ein solcher Beschluss – auch bei unentgeltlicher Tätigkeit – wegen Verstoßes gegen die §§ 276 Abs. 3, 134 BGB wegen Gesetzesverstoß nichtig[388].

384 Bärmann/Pick/Dötsch, § 29, Rn. 76; Bärmann/Seuß, 7. Teil. Verwaltung durch den Verwaltungsbeirat § 52. Die Haftung des Verwaltungsbeirates Rn. 20; OLG Frankfurt, 27.10.1987, 20 W 448/86, OLGZ 1988, 188; im Ansatz bereits BGH, 20.09.2000, V ZB 58/99, NJW 2000, 3500.

385 Becker in Bärmann, WEG, § 29 Rn. 111; Niedenführ, WEG, § 29 Rn. 33; Hügel/Elzer, WEG, 2. Auflage, § 29 Rn. 63; Elzer/Riecke ZMR 2012, 171.

386 Wenzel, ZWE 2001, 226/233; BeckOK WEG/Munzig, 37. Ed. 01.05.2019, WEG § 29 Rn. 132 – 134; Bärmann/Seuß, 7. Teil. Verwaltung durch den Verwaltungsbeirat § 52. Die Haftung des Verwaltungsbeirates Rn. 19; nach Häublein entspricht ein solcher Beschluss bei unentgeltlicher Beiratstätigkeit regelmäßig ordnungsmäßiger Verwaltung, ZMR 2003, 240; ebenso Becker in Bärmann, WEG, § 29 Rn. 116 hier allerdings in Rn. 114 auch unklar eine Beschlusskompetenz infrage stellend; zweifelnd allerdings Gottschalg, Der Grundbesitz, 6/2004, 36; a. A. Hügel/Elzer, WEG, 2. Auflage, § 29 Rn. 65.

387 Greiner, beckonline. Großkommentar, WEG, 2019, § 29 Rd. 47 ff.; Becker in Bärmann, WEG, § 29 Rn. 118.

388 Hügel/Elzer, WEG, 2. Auflage, § 29 Rn. 66.

c) Im Beiratsvertrag

Möglich, aber infolge der gesetzlichen Haftungsprivilegierung des § 29 Abs. 3 WEG nicht notwendig ist eine Regelung im Beiratsvertrag, die für das unentgeltlich tätige Verwaltungsbeiratsmitglied einen Haftungsausschluss für einfache Fahrlässigkeit vorsieht.
Ein genereller Haftungsausschluss für grobe Fahrlässigkeit wäre im Rahmen eines Beiratsvertrags gemäß § 309 Nr. 7 lit. b BGB unwirksam, wenn es sich bei dieser Regelung um eine Allgemeine Geschäftsbedingung des bestellten Verwaltungsbeirats handelt (also wenn dieser z. B. in mehreren Verwaltungsbeiräten mitwirkt und seine Wahl von einer vorformulierten Haftungsbeschränkung abhängig macht)[389]. Da die gesetzliche Vorgabe des § 309 Nr. 7 lit. b BGB allerdings „Leitbildcharakter" inne hat[390], ist eine Enthaftung auch für grobe Fahrlässigkeit selbst im Rahmen einer individualvertraglichen Regelung im Rahmen des Beiratsvertrags nicht unproblematisch, da dann jedenfalls der den Beiratsvertrag genehmigende Beschluss ordnungsmäßiger Verwaltung widerspricht und zumindest anfechtbar wäre, da ein solcher Beschluss gegen den Leitbildcharakter der Regelung des § 309 Nr. 7 BGB wie des § 29 Abs. 3 WEG verstößt[391].
Die Haftung für Vorsatz kann – selbst bei Unentgeltlichkeit – wegen § 276 Abs. 3 BGB im Beiratsvertrag nicht eingeschränkt werden.

11.5.2 Haftungsbegrenzung bei (teilweiser) entgeltlicher Tätigkeit

Ist der Verwaltungsbeirat nur unentgeltlich tätig, haftet er nun wegen § 29 Abs. 3 WEG nicht mehr für einfache Fahrlässigkeit. In der Praxis sind jedoch Konstellationen denkbar, in welchen der Verwaltungsbeirat zwar grundsätzlich unentgeltlich tätig wird, wegen einzelner Zusatzaufgaben jedoch ein geringes Entgelt erhält. In diesen Fällen läuft er Gefahr, sein gesetzliches Haftungsprivileg zu verlieren. Daneben kann es auch sein, dass der Verwaltungsbeirat sein Amt nur antritt, wenn er hierfür ein gewisses Entgelt erhält. Es stellt sich dort dann die Frage, ob eine Haftungsprivilegierung geregelt werden kann.

389 BeckFormB WEG/Rüscher Form. K. VI. 1. Rn. 7; BeckOK WEG/Munzig, 37. Ed. 01.05.2019, WEG, § 29 Rn. 132 – 134 mit weiteren Anmerkungen zur Problematik des § 309 Nr. 7 a und b BGB.
390 BGH, 19.09.2007, VIII ZR 141/06, NJW 2007, 3774.
391 BeckOK WEG/Munzig, 37. Ed. 01.05.2019, WEG § 29 Rn. 132 – 134 mit weiteren Anmerkungen zur Problematik des § 309 Nr. 7 a und b BGB; Becker in Bärmann, WEG, § 29 Rn. 116.

a) Durch Vereinbarung

Wie bereits zur unentgeltlichen Tätigkeit ausgeführt, kann auch in einer Vereinbarung gemäß § 10 Abs. 1 WEG bzw. in einer Gemeinschaftsordnung kein allumfassender Haftungsausschluss für alle Arten des Vertretenmüssens (d. h. auch für Vorsatz) erfolgen.
Nach diesseitiger Auffassung kann allerdings durch eine Vereinbarung gemäß § 10 Abs. 1 WEG bzw. in der Gemeinschaftsordnung eine Haftungsfreistellung zugunsten des Verwaltungsbeirats für einfache und grobe Fahrlässigkeit geregelt werden.
Den Wohnungseigentümern kann daneben auch hier durch Öffnungsklausel in der Gemeinschaftsordnung die Beschlusskompetenz vorbehalten werden, generell oder für den Einzelfall[392] über das Haftungsstatut eines entgeltlich tätigen Verwaltungsbeirats zu entscheiden. Erfolgt ein derartiger Beschluss aufgrund der vereinbarten Öffnungsklausel, muss ebenfalls darauf geachtet werden, dass dieser dann auch gemäß § 10 Abs. 3 WEG in das Grundbuch eingetragen wird, um die Wirkung auch Sondernachfolgern gegenüber zu entfalten.
Nicht möglich ist nach diesseitiger Auffassung dagegen eine Regelung innerhalb einer Gemeinschaftsordnung oder einer Vereinbarung, die die Haftung für Vorsatz ausschließen soll. Eine derartige Regelung ist im Hinblick auf § 276 Abs. 3 BGB nichtig.

b) Durch Beschluss

§ 29 Abs. 3 WEG sieht die Haftungsbeschränkung nur bei unentgeltlicher Tätigkeit vor. Erhält der Verwaltungsbeirat ein echtes Entgelt, das über den zulässigen Aufwandsanspruch hinausgeht, was bereits bei einer zu hoch angesetzten Aufwandspauschale der Fall sein kann, so besteht für den Verwaltungsbeirat das Bedürfnis nach einer Haftungsbeschränkung. Enthält die Gemeinschaftsordnung keine Regelung und kommt auch keine Vereinbarung nach § 10 Abs. 1 WEG zustande, kommt ein Haftungsausschluss nur auf leichte Fahrlässigkeit in Betracht.
Ob eine Beschlussfassung, die eine generelle Haftung für leichte Fahrlässigkeit ausschließt, im Falle der Entgeltlichkeit der Tätigkeit des Beirats infolge des gesetzgeberischen Willens, lediglich die unentgeltliche Tätigkeit zu privilegieren, gegen die Grundsätze der ordnungsmäßiger Verwaltung verstößt oder gar vor dem Hintergrund der Beschlusskompetenz nichtig ist, ist ungeklärt. Ent-

392 AG Friedberg, 31.05.2017, 2 C 1076/16, ZWE 2018, 138.

sprechendes gilt für eine „punktuelle" Entgeltlichkeit für ein einzelnes Projekt (evtl. im Zusammenhang mit einer Beschlussfassung gemäß § 27 Abs. 2 WEG gegenüber dem Verwalter).
Bis zu einer Klärung ist dem Verwaltungsbeirat neben einer Beschlussfassung zu empfehlen, diesen Haftungsausschluss auch zusätzlich in den Beiratsvertrag aufzunehmen (s. u.).

c) Im Beiratsvertrag

Hinsichtlich der Regelungen in einem Beiratsvertrag gleichen sich die möglichen Inhalte, gleichgültig ob der Verwaltungsbeirat entgeltlich oder unentgeltlich tätig ist.
Im Beiratsvertrag kann entsprechend der gesetzlichen Regelung des § 29 Abs. 3 WEG nach hier vertretener Auffassung auch für den entgeltlich tätigen Verwaltungsbeirat ein Haftungsausschluss für einfache Fahrlässigkeit vereinbart werden. Dies ist sogar in Allgemeinen Geschäftsbedingungen der Fall. Der Verwaltungsbeirat sollte eine solche Regelung in jedem Fall in seinem Beiratsvertrag vorsehen. Dies gilt auch dann, wenn er zunächst nur unentgeltlich tätig wird, da gerade bei pauschalierten Aufwandsentschädigungen die Gefahr der Annahme einer Entgeltlichkeit besteht.
Für einen Haftungsausschluss für grobe Fahrlässigkeit gelten letztendlich die Ausführungen zum unentgeltlich tätigen Verwaltungsbeirat. Ein genereller Haftungsausschluss für grobe Fahrlässigkeit zu Gunsten eines entgeltlich tätigen Verwaltungsbeirats wäre im Rahmen eines Beiratsvertrags gemäß § 309 Nr. 7 lit. b BGB unwirksam, wenn es sich bei dieser Regelung um eine Allgemeine Geschäftsbedingung des bestellten Verwaltungsbeirats handelt (also wenn dieser z. B. in mehreren Verwaltungsbeiräten mitwirkt und seine Wahl von einer vorformulierten Haftungsbeschränkung abhängig macht)[393]. Da die gesetzliche Vorgabe des § 309 Nr. 7 lit. b BGB „Leitbildcharakter" inne hat[394], ist eine Enthaftung auch für grobe Fahrlässigkeit selbst im Rahmen einer individualvertraglichen Regelung im Rahmen des Beiratsvertrags nicht unproblematisch, da dann jedenfalls der den Beiratsvertrag genehmigende Beschluss ordnungsmäßiger Verwaltung widerspricht und zumindest anfechtbar wäre, da ein solcher Beschluss gegen den Leitbildcharakter der Regelung des § 309

393 BeckFormB WEG/Rüscher Form. K. VI. 1. Rn. 7; BeckOK WEG/Munzig, 37. Ed. 01.05.2019, WEG, § 29 Rn. 132 – 134 mit weiteren Anmerkungen zur Problematik des § 309 Nr. 7 a und b BGB.
394 BGH, 19.09.2007, VIII ZR 141/06, NJW 2007, 3774.

Nr. 7 BGB wie des § 29 Abs. 3 WEG (welcher ja auch gesetzlich nur den unentgeltlich tätigen Verwaltungsbeirat privilegieren will) verstößt[395].

11.6 Umfang des Schadens

Vom Schadensumfang ist grundsätzlich der kausal durch die schädigende Handlung oder das pflichtwidrig erfolgte Unterlassen eingetretene Schaden einschließlich Folgeschäden umfasst. Umstritten war allerdings, ob man im Rahmen der Ersatzpflicht nur die reinen, auf einer konkreten Pflichtwidrigkeit entstandenen Schäden als Ersatz ansieht oder sämtliche Folgeschäden, die infolge dieser Pflichtwidrigkeit entstehen (z. B. dass deswegen der Verwalter nicht sofort abberufen wurde und es eben noch zu weiteren Schäden kommen konnte).
Im Hinblick auf die im Rahmen des WEMoG eingeführte Pflichtaufgabe des „Überwachens" des Verwalters ist die Frage zu stellen, ob sich daher eine solche Überlegung überhaupt noch stellt, d. h. ob eine Einschränkung des Zurechnungszusammenhangs unter Schutzzwecküberlegungen noch berechtigt ist. Das wird zukünftig eher zu verneinen sein[396], soweit zumindest keine Haftungsprivilegierung erfolgt (sei es gesetzlich aus § 29 Abs. 3 WEG oder gewillkürt durch Vereinbarung oder Beschlussfassung). Damit dürften zukünftig auch sämtliche Folgeschäden von einem Schadensersatzanspruch umfasst sein. Streitig bleibt weiterhin, ob dem zum Schadensersatz verpflichtenden Mitglied des Verwaltungsbeirats der Einwand des Mitverschuldens im Sinne des § 254 BGB zugutekommt oder nicht[397].

11.7 Haftung gegenüber den einzelnen Wohnungseigentümern

Infolge der neuen Systematik des Wohnungseigentumsgesetzes ab dem 01.12.2020 besteht bei einer zum Schadensersatz führenden Pflichtverletzung des Verwaltungsbeirats eine Haftung desselben als Organ gegenüber der Ge-

395 BeckOK WEG/Munzig, 37. Ed. 01.05.2019, WEG § 29 Rn. 132 – 134 mit weiteren Anmerkungen zur Problematik des § 309 Nr. 7 a und b BGB; Becker in Bärmann, WEG, § 29 Rn. 116.
396 So auch Dötsch/Schultzky/Zschieschack, WEG-Recht 2021, Kapitel 13, Rn. 111.
397 So auch Dötsch/Schultzky/Zschieschack, WEG-Recht 2021, Kapitel 13, Rn.112; Staudinger/Lehmann-Richter, § 29, Rn. 96.

meinschaft der Wohnungseigentümer, soweit das Verwaltungsbeiratsmitglied auch als Organ gehandelt hat. Insoweit werden Schäden sozialisiert.
Entstehen einem Wohnungseigentümer daher durch den Verwaltungsbeirat im Rahmen seines (gesetzlich oder gewillkürten) Pflichtenkreises Schäden, ist der Geschädigte infolge der nunmehrigen Systematik gehalten – allerdings eben auch berechtigt – seine Ansprüche gegenüber der Gemeinschaft der Wohnungseigentümer geltend zu machen, da diese für das Organ Verwaltungsbeirat gemäß § 31 BGB haftet – die dann u. U. wiederum Regress beim Verwaltungsbeirat nehmen kann.
Einen Direktanspruch eines Wohnungseigentümers gegenüber dem jeweiligen Verwaltungsbeiratsmitglied sieht das Gesetz grundsätzlich nicht mehr vor. Offen[398] ist die Rechtsfrage, ob einem geschädigten Wohnungseigentümer gegenüber dem Verwaltungsbeiratsmitglied über das Konstrukt des Vertrages zugunsten Dritter oder eines Vertrages mit Schutzwirkung zugunsten Dritter bzw. der Organstellung mit Schutzwirkung zugunsten Dritter noch ein direkter Anspruch zuzubilligen ist. Bei den ehrenamtlich unentgeltlich tätigen Beiratsmitgliedern kann sich allerdings unter Treuepflichtgesichtspunkten dann die Verpflichtung ergeben, vorrangig die Gemeinschaft in Anspruch zu nehmen.
Soweit ein ausdrücklicher Beiratsvertrag geschlossen wird, sind Vertragspartner desselben die Gemeinschaft der Wohnungseigentümer und das jeweilige Beiratsmitglied. Hieraus kann allerdings dann ebenfalls über das Konstrukt des Vertrags mit Schutzwirkung für die Wohnungseigentümer (enthält der Vertrag ausdrückliche Regelungen eventuell auch ausdrücklich zu Gunsten der Wohnungseigentümer im Hinblick auf § 328 BGB) ein direkter Anspruch in Betracht kommen.
Im Hinblick auf den anzuwendenden Haftungsmaßstab gegenüber den Wohnungseigentümern ist aber nicht abschließend geklärt, ob § 29 Abs. 3 WEG auch in diesem Verhältnis zur Anwendung kommt. Entgegen der Regelung des § 31 Abs. 1 Satz 1 und Satz 2 BGB, welche die Haftungsprivilegierung ausdrücklich sowohl gegenüber dem Verein als auch den Mitgliedern desselben regelt, differenziert § 29 Abs. 3 WEG insoweit nicht. Dem Wortlaut nach sind dann beide Konstellationen erfasst, so dass die Haftungsprivilegierung nach hier vertretener Auffassung auch im Verhältnis gegenüber den Wohnungseigentümern Geltung erlangt, womit also bei unentgeltlicher beiratsspezifischer Tätigkeit eine gesetzliche Haftungsprivilegierung für einfache Fahrlässigkeit greifen würde.

398 Dötsch/ Schultzky/Zschieschack, WEG-Recht 2021, Kapitel 13, Rn. 117.

11.8 Haftung gegenüber Dritten

Eine Haftung „außerhalb" der Gemeinschaft der Wohnungseigentümer, d. h. gegenüber Dritten, kommt infolge der in § 9 b Abs. 1 WEG vorhandenen Regelung, dass allein der Verwalter und wenn es einen solchen nicht gibt, die Wohnungseigentümer gemeinschaftlich die Gemeinschaft der Wohnungseigentümer vertreten, grundsätzlich nicht mehr in Betracht. Denn durch den Wegfall des § 27 Abs. 3 Satz 3 WEG a. F. besteht mangels Nachfolgeregelung keine Beschlusskompetenz mehr, dem Verwaltungsbeirat eine Vertretungsmacht für die Gemeinschaft der Wohnungseigentümer Dritten gegenüber einzuräumen.
Handelt der Verwaltungsbeirat damit innerhalb seiner beiratsspezifischen Tätigkeit oder innerhalb eines ihm übertragenen Wirkungskreis, kommt keine Haftung des Verwaltungsbeirats gegenüber Dritten in Betracht. Denn dieser Pflichtenkreis beschränkt sich auf das Innenverhältnis gegenüber der Gemeinschaft der Wohnungseigentümer.
Überschreitet er hingegen seine Befugnisse und Legitimationen, besteht insbesondere die Gefahr einer Haftung als Vertreter ohne Vertretungsmacht (dann Haftung gemäß § 179 Abs. 1 BGB), d. h. wenn insbesondere eine Maßnahme mit Außenbezug und eine Haftungsbegründung vorliegt. Hierbei wird dem Verwaltungsbeirat dann auch § 179 Abs. 3 BGB i. d. R. wenig helfen, da ein Dritter sich grundsätzlich nicht darüber vergewissern – und bei Unterlassen entgegenhalten lassen – muss, ob dann auch eine Vertretungsmacht besteht[399]. Denn es ist zwar keine Vertretungsmöglichkeit durch Beschluss für eine „Tätigkeit nach Außen" mehr möglich, allerdings besteht noch die Möglichkeit, derartiges durch eine Vereinbarung bzw. Regelung in der Gemeinschaftsordnung zu legitimieren.
Die gesetzliche Haftungsprivilegierung des § 29 Abs. 3 WEG gilt hierbei – allerdings ist dies nicht unumstritten[400] – nur im Innenverhältnis, nicht aber gegenüber Dritten. Der Normzweck des § 29 Abs. 3 WEG ist aber, die Bereitschaft zur Tätigkeit im Beirat zu fördern, weswegen nicht Dritte, die letztendlich weder Wissen darüber haben, ob das ihnen gegenüber handelnde Verwaltungsbeiratsmitglied unentgeltlich tätig ist oder nicht und die auch nicht von einer Besetzung des Beirats profitieren, insofern nicht eingeschränkt sein sollen.
Nach hier vertretener Auffassung greift Dritten gegenüber daher die Haftungsprivilegierung des § 29 Abs. 3 WEG nicht. Denn diese Regelung ist letztendlich § 31 Abs. 1 BGB nachgebildet, welche ebenfalls nur Wirkung auf das Innenver-

399 BGH, 02.02.2000, VIII ZR 12/99, NJW 2000, 1407.
400 Bejahend: Hügel/Elzer, 3. Auflage § 29 Rn. 93; einschränkend auf das Innenverhältnis und damit verneinend: Dötsch/Schultzky/Zschieschack, WEG-Recht 2021, Kapitel 13, Rn. 113; Lehman-Richter/Wobst, WEG-Reform 2020, Rn 593.

hältnis aufweist. Zudem soll § 29 Abs. 3 WEG auch nur bei beiratsspezifischem Tätigwerden des Verwaltungsbeirats eine Haftungserleichterung ermöglichen. Hiervon kann keine Rede sein, wenn das Verwaltungsbeiratsmitglied seine ihm gesteckten Handlungskompetenzen überschreitet und nach außen hin ohne Legitimation auftritt. Dann ist es auch gerechtfertigt, ihm keinerlei Haftungsprivilegierung zukommen zu lassen.
Wird ein Mitglied des Verwaltungsbeirats von Dritten in Anspruch genommen, kommt entweder in analoger Anwendung des § 31 a Abs. 2 Satz 1 BGB oder der Regelungen der §§ 670, 257 BGB eine gänzliche oder teilweise Freistellung von Seiten der Gemeinschaft der Wohnungseigentümer in Betracht[401], soweit dem Verwaltungsbeirat im Innenverhältnis eine Freistellung (sei es gemäß § 29 Abs. 3 WEG bei nur einfacher Fahrlässigkeit oder infolge einer vertraglichen oder vereinbarten Regelung) zugutekommt. Hierzu muss der Verwaltungsbeirat bzw. das Verwaltungsbeiratsmitglied aber ebenfalls noch innerhalb seiner organschaftlichen Beiratstätigkeit tätig geworden sein. Überschreitet er diesen, kommen ihm derartige Freistellungsansprüche nicht zugute und er haftet gegenüber dem geschädigten Anspruchssteller. Nach obigen Ausführungen kommt diese Variante eigentlich nur noch im Rahmen des § 9 b Abs. 2 WEG in Betracht.

11.9 Verjährung der Ansprüche

Ansprüche der Gemeinschaft der Wohnungseigentümer gegen den Verwaltungsbeirat auf Schadensersatz verjähren gemäß § 195 BGB nach drei Jahren, wobei allerdings auf die Kenntnis bzw. Kenntniserlangung abzustellen ist (§§ 195, 198 BGB)[402]. Eine weitergehende vertragliche Verkürzung der Verjährungsfrist dürfte im Allgemeinen nicht im Interesse der Gemeinschaft der Wohnungseigentümer liegen.

11.10 Vermögensschadenshaftpflichtversicherung für den Verwaltungsbeirat

Um die Haftungsrisiken aus der unbestritten verantwortungsvollen und nicht ganz risikolosen Tätigkeit des Beirates auf ein vertretbares Maß zu beschrän-

401 Elzer, ZMR 2012, 171; BGH, 05.12.1983, II ZR 252/82, NJW 1984, 789.
402 Gottschalg, a. a. O., Rn. 449 f.

ken, wurde bislang allgemein der Abschluss einer Vermögensschadenshaftpflichtversicherung für die Mitglieder des Verwaltungsbeirates auf Kosten bzw. zu Lasten der Gemeinschaft der Wohnungseigentümer als förderlich und im Interesse der Gemeinschaft liegend angesehen.

Aufgrund des geänderten Haftungskonzeptes des Wohnungseigentumsgesetzes wird die Zukunft zeigen, ob überhaupt noch die „(Vermögensschadens-) Haftpflichtversicherung" die richtige Versicherungsart ist oder ob nicht letztendlich – wie etwa bei Aufsichtsräten – eine sog. „D&O-Versicherung die „richtige" Versicherungsart ist. Denn infolge der im Rahmen der WEMoG ausdrücklich vorgesehenen Aufgabe des Verwaltungsbeirats der „Überwachung" sollte abgeklärt werden, ob diese – nunmehr auch gesetzliche Aufgabe – ebenfalls oder noch vom Versicherungsvertrag umfasst ist, was bei bestehenden Versicherungsverträgen eine Anpassung bestehender Versicherungspolicen notwendig machen könnte.

Infolge der gesetzlichen Haftungsprivilegierung des § 29 Abs. 3 WEG wäre im Hinblick auf die einfache Fahrlässigkeit streng genommen bei unentgeltlicher Tätigkeit des Verwaltungsbeirats eine derartige Versicherung nicht mehr notwendig, da eine Haftung bereits gesetzlich auf grobe Fahrlässigkeit und Vorsatz begrenzt ist. Denn beim versicherten Haftungsumfang der leichten Fahrlässigkeit gibt es dann keinen Anspruch gegenüber dem Verwaltungsbeirat, so dass auch eine etwaig bestehende Haftpflichtversicherung sich auf diesen Umstand berufen kann (und wird).

Allerdings ist die Differenzierung zwischen einfacher und grober Fahrlässigkeit schwierig und die Grenzen, wann noch einfache Fahrlässigkeit vorliegt und wann bereits grobe Fahrlässigkeit, nicht eindeutig zu ziehen und mitunter mehr als problematisch[403]. Zudem ist die Unsicherheit bei der Gewährung von Aufwendungsersatzpauschalen zu berücksichtigen.

Daher ändert auch die gesetzliche Haftungseinschränkung des § 29 Abs. 3 WEG nichts daran, dass ein Verwaltungsbeiratsmitglied nach wie vor darauf achten sollte, dass entweder er selbst oder aber die Gemeinschaft der Wohnungseigentümer zu seinen Gunsten zumindest eine Vermögensschadenshaftpflichtversicherung abschließt.

Neben der Unterscheidung einfacher zu grober Fahrlässigkeit ist aber auch der Ausschlussgrund der „wissentlichen Pflichtverletzung" innerhalb von Haftpflichtversicherungen nicht zu unterschätzen. Denn dieser ist nicht erst bei „bedingtem Vorsatz" eines Beiratsmitglieds gegeben, sondern kommt bei Überschreiten der Haftungserleichterung des § 29 Abs. 3 WEG, etwa bei Verletzen

403 KG, 19.07.2004, 24 W 203/02, NZM 2004, 743; Gottschalg, a. a. O., Rn. 492.

von Kardinalspflichten auch zu Lasten eines jeweiligen Verwaltungsbeiratsmitglieds in Betracht, was dann zum Wegfall eines Versicherungsschutzes führt.[404] Gerade durch die gesetzlich nicht näher ausgestaltete „Überwachungsverpflichtung" des Verwalters ist dieser Aspekt verstärkt zu berücksichtigen.
Bei einer entgeltlichen Tätigkeit ist der Abschluss einer Versicherung für die Tätigkeit des Beirats zudem wie bisher zu handhaben, da es hierfür keine gesetzliche Haftungsprivilegierung gibt.
Der Abschluss einer (Vermögensschadens-)Haftpflichtversicherung für den unentgeltlich wie entgeltlich tätigen Verwaltungsbeirat ist allein deshalb als nützlich und im Interesse der Gemeinschaft liegend anzusehen, weil er die Gewissheit vermittelt, dass eine solvente Versicherung hinter dem möglichen Schädiger steht und der von einem Beiratsmitglied verursachte Schaden zumindest in Höhe der Versicherungssumme reguliert werden kann. Hierfür reicht ein Mehrheitsbeschluss als Angelegenheit ordnungsmäßiger Verwaltung aus[405].
Vom Umfang des Versicherungsschutzes sollten sowohl die gesetzlichen wie auch die eventuell zusätzlich übertragenen Pflichten erfasst sein. Die Leistungspflicht der Versicherung umfasst die Befriedigung begründeter und die Abwehr unbegründeter Ansprüche und erstreckt sich auf Haftpflichtansprüche aus fehlerhaftem Verhalten aber auch aus unterlassenem Handeln.
Das kann u. U. bereits beispielsweise der Fall sein, wenn bei der stichprobenhaften Überprüfung von Rechnungsbelegen im Rahmen der Jahresabrechnung das Fehlen einzelner Belege nicht bemerkt wird.
Es empfiehlt sich, zu prüfen, ob nicht eventuell der Verwaltungsbeirat in die Vermögensschadenshaftpflichtversicherung des Verwalters einbezogen und über diesen mitversichert werden kann.

11.11 Entlastung des Verwaltungsbeirates

Um Schadensersatzansprüche gegen sich als Verwaltungsbeirat abzuwenden, werden die Mitglieder in der Regel bestrebt sein, sich für ihre Tätigkeit innerhalb eines bestimmten Zeitraums, üblicherweise im Zusammenhang mit der jährlich von ihnen vorzunehmenden Prüfung der Jahresabrechnung und der dazu erfolgenden genehmigenden Beschlussfassung, entlasten zu lassen. Einen Anspruch hierauf haben die Mitglieder des Verwaltungsbeirates aber nicht, es

404 Dötsch/Schultzky/Zschieschack, WEG-Recht 2021, Kapitel 11, Rn. 66.
405 Noch zum alten Recht: Häublein, ZMR 2003, 240; Armbrüster, ZMR 2003, 1/4.

sei denn, die Gemeinschaftsordnung oder der „Beiratsvertrag" sieht derartiges vor.

Für den Fall, dass zu Gunsten der Verwaltungsbeiräte eine Haftpflichtversicherung abgeschlossen wurde, ist zu bedenken, dass eine Entlastung dann letztendlich auch zu Gunsten dieser Haftpflichtversicherung wirken würde.

Die Entlastung des Beirates richtet sich nach den gleichen Grundsätzen wie die Entlastung des Verwalters[406]. Die mehrheitliche Beschlussfassung der Wohnungseigentümer über die Entlastung entspricht grundsätzlich dann ordnungsmäßiger Verwaltung, solange nicht erkennbar Schadensersatzansprüche gegen den Beirat in Betracht kommen[407].

Die mehrheitlich beschlossene Entlastung des Verwaltungsbeirates hat die Wirkung wie ein sogenanntes negatives Schuldanerkenntnis (§ 397 Abs. 2 BGB). Der Umfang und die Reichweite der Entlastungserklärung ist im Zweifel durch Auslegung zu ermitteln[408]. Das bedeutet, dass sämtliche Schadensersatzansprüche gegen den Beirat, die bis zur Entlastung entstanden und den Wohnungseigentümern bei der Beschlussfassung über die Entlastung bekannt waren oder bei zumutbarer Sorgfalt hätten erkannt werden können, ausgeschlossen sind, auch wenn kein Erlassvertrag im Rechtssinne geschlossen wird[409]. Allerdings umfasst die Entlastung nicht solche Ansprüche, deren Geltendmachung sich die Wohnungseigentümer möglicherweise vorbehalten haben oder diejenigen, die etwa bei bewusst kollusivem Zusammenwirken mit dem Verwalter bewusst verschleiert wurden[410].

Zu beachten ist allerdings, dass ein Beschluss, mit dem eine Entlastung erteilt wird, nur gegenüber der Gemeinschaft der Wohnungseigentümer, nicht aber gegenüber einem Wohnungseigentümer wegen Schäden an seinem Sondereigentum, Mobiliareigentum oder seiner körperlichen Integrität wirkt[411]. Zum einen haben die Wohnungseigentümer hierfür keine Beschlusskompetenz, zum anderen umfasst die „Organhaftung" der Gemeinschaft für den Verwaltungsbeirat zu Gunsten des jeweiligen Wohnungseigentümers ein anderes Rechtsverhältnis.

---

406 BGH, 04.12.2009, V ZR 44/09, DWE 2010, 20 = NZM 2010, 243 = ZWE 2010, 170 = ZMR 2010, 300; Becker in Bärmann, WEG, § 29 Rn. 117, m. w. N.; BayObLG, 12.06.1991, 2 Z 49/91, NJW-RR 1991, 1360 = WE 1992, 174.

407 BGH, 04.12.2009, V ZR 44/09, s. Fn. 261; Becker in Bärmann, WEG, § 29 Rn. 117 m. w. N.; Häublein, MietRB 2020, 220 ff.

408 Häublein, MietRB 2020, 220.

409 Häublein, MietRB 2020, 220.

410 BGH, 17.07.2003, V ZB 11/03.

411 BGH, 23.02.2018, V ZR 101/16, NJW 2018, 2550 = IMR 2018, 293 f.; Häublein, MietRB 2020, 220.

Die Entlastung des Verwaltungsbeirates widerspricht aber regelmäßig einer ordnungsmäßigen Verwaltung, wenn eine fehlerhafte Abrechnung oder ein mangelhafter Wirtschaftsplan vorgelegt worden ist und die darin enthaltenen Fehler offenkundig sind (z. B. fehlerhafter Verteilungsschlüssel, rechnerisch unschlüssig). Dagegen kann ein Entlastungsbeschluss ordnungsmäßiger Verwaltung entsprechen, wenn der Fehler geringfügig und nicht „offenkundig" ist[412]. Insofern ist ein Entlastungsbeschluss gegebenenfalls rechtswidrig, wenn Ersatzansprüche gegen den Verwaltungsbeirat in Betracht kommen und kein Grund ersichtlich ist, auf diese Ansprüche zu verzichten. Von diesem Fall ist insbesondere dann auszugehen, wenn die vom Beirat geprüfte Abrechnung fehlerhaft ist und geändert werden muss[413]. Solange jedenfalls kein ordnungsmäßiger Beschluss über die Jahresabrechnung vorliegt, kann eine Entlastung des Verwaltungsbeirats nicht erfolgen[414]. Nach Auffassung des OLG München[415] kann jedoch selbst dann eine Entlastung des Verwaltungsbeirats erfolgen, wenn geringfügige Fehler bei der Jahresabrechnung durch die Laien nicht erkannt wurden.

Ausreichend für eine ordnungsmäßiger Verwaltung entsprechende Entlastung ist ein Mehrheitsbeschluss in der Eigentümerversammlung. Dies gilt auch in einer Mehrhausanlage. Ein Mehrheitsbeschluss der Eigentümer nur eines Hauses einer Mehrhausanlage reicht nicht aus. Etwas anderes gilt nur, wenn dies nach der Teilungserklärung ausdrücklich geregelt ist[416].

Nach erfolgter Entlastung können bis dahin entstandene und bekannte oder erkennbare Schadensersatzansprüche nicht mehr geltend gemacht werden.

Ein gesetzlicher, auch gerichtlich durchsetzbarer Anspruch auf Entlastung des Verwaltungsbeirates besteht nach vorherrschender Auffassung nicht[417]. Es liegt allerdings in der Beschlusskompetenz der Wohnungseigentümer, im Zusammenhang mit der Bestellung des Verwaltungsbeirates in dem mit dem Beirat abzuschließenden Beiratsvertrag auch eine Regelung zu treffen, nach der die Gemeinschaft der Wohnungseigentümer verpflichtet ist, den Beirat zu entlasten, vorausgesetzt allerdings, dass einer solchen Entlastung keine wichtigen Gründe entgegenstehen[418].

412 AG Hamburg-St. Georg, 27.11.2012, 980a C 28/12, BeckRS 2013, 8118 = IBRRS 2013, 3589; AG Traunstein, 24.06.2011, 319 C 1783/10, LSK 2012, 410063.
413 BGH, 04.12.2009, V ZR 44/09, NZM 2010, 243, 245 = DWE 2010, 20; BGH, 09.07.2010, V ZR 202/09, DWE 2010, 134; OLG München, 14.07.2008, 34 Wx 037/08, ZMR 2008, 905.
414 LG Baden-Baden, 12.02.2009, 3 T 87/07, ZMR 2009, 473.
415 OLG München, 07.02.2007, 34 Wx 147/06, NZM 2007, 488 = IBRRS 2007, 0469.
416 OLG Zweibrücken, 23.06.2004, 3 W 64/04, NZM 2005, 751.
417 Gottschalg, ZWE 2001, 185/190.
418 Müller, a. a. O., Rn. 360 m. w. N.; Gottschalg, Der Grundbesitz 6/2004, 34.

Selbst eine bereits beschlossene Entlastung kann im Falle der Anfechtung durch das Gericht für ungültig erklärt werden, wenn beispielsweise die geprüfte und vom Verwaltungsbeirat nicht beanstandete Jahresabrechnung gegen die Grundsätze ordnungsmäßiger Verwaltung verstößt oder wenn Schadensersatzansprüche gegen die Beiratsmitglieder im Zusammenhang mit der Prüfung der Jahresabrechnung möglich erscheinen[419]. Dies kann unter anderem dann der Fall sein, wenn der Beirat den Eigentümern die Annahme einer unvollständigen oder fehlerhaften Abrechnung empfiehlt[420].
Eine Entlastung des Verwaltungsbeirates widerspricht im Übrigen regelmäßig dann ordnungsmäßiger Verwaltung, wenn dem Verwalter im Zusammenhang mit der ablehnenden Beschlussfassung über die Jahresabrechnung auch die Entlastung verweigert wird[421].
Ebenso ist auch ein Beschluss über die Entlastung des Verwaltungsbeirates unwirksam, wenn die Entlastung des Verwalters wegen Fehler der Jahresabrechnung durch das Gericht für unwirksam erklärt wird. In diesem Fall ist nämlich auch der Verwaltungsbeirat verantwortlich, wenn er bei der Prüfung diese Fehler übersehen hat[422].
Bei der Abstimmung über ihre Entlastung sind die Beiratsmitglieder gemäß § 25 Abs. 4 WEG nach h. M. vom Stimmrecht ausgeschlossen[423]. Dies gilt auch für ihnen erteilte Stimmrechtsvollmachten, d. h. Beiratsmitglieder können auch niemanden bei der Beschlussfassung vertreten, soweit keine gebundene Stimmrechtsvollmacht vorliegt[424]. Ist der Beschluss über die Entlastung mit weiteren Abstimmungsgegenständen, z. B. über den Jahresabschluss, verbunden, erstreckt sich der Stimmrechtsausschluss auch darauf.

11.12 Haftung der Gemeinschaft der Wohnungseigentümer für den Beirat

Ergeben sich aus der Tätigkeit des Verwaltungsbeirates Schadensersatzansprüche gegenüber der Gemeinschaft der Wohnungseigentümer, muss sich diese im Falle der Pflichtverletzung ein Verschulden des Verwaltungsbeirates gemäß

419 BayObLG, 30.06.2004, 2Z BR 58/04, DWE 2005, 24; 25.05.2001, 2Z BR 133/00; 12.06.1991, 2 Z 49/91, NJW-RR 1991, 360 = WM 1991, 443.
420 OLG Düsseldorf, 24.04.1989, 3 Wx 305/88, WE 1991, 251.
421 BayObLG, 25.05.2001, 2Z BR 133/00, NJW-RR 2001, 1231; LG Düsseldorf, 02.10.2013, 25 S 53/13, ZWE 2014, 407.
422 KG, 31.01.2000, 24 W 7617/99, ZWE 2000, 274.
423 Bub, ZWE 2002, 7/18; Deckert, DWE 2005, 19.
424 OLG Zweibrücken, 11.03.2002, 3 W 184/01, NZM 2002, 345.; Häublein, MietRB 2020, 220.

§§ 254 Abs. 2 Satz 2, 278 BGB wie eigenes Mitverschulden anrechnen lassen, soweit der Verwaltungsbeirat innerhalb seines Pflichtenkreises tätig wird. Hier erfolgt daher eine Zurechnung des Organhandelns gemäß § 31 BGB. Es kommt daher nicht mehr darauf an, dass sich die Gemeinschaft der Wohnungseigentümer ausdrücklich des Verwaltungsbeirates zur Wahrnehmung ihrer Interessen im Rahmen der gemeinschaftlichen Verwaltung bedient[425].
Allerdings kommt eine derartige Haftung infolge der in § 9 b Abs. 1 WEG vorhandenen Regelung[426] grundsätzlich nur noch gegenüber dem Verwalter oder einem Wohnungseigentümer, d. h. innerhalb der Gemeinschaft in Betracht, da eine Verletzung des Pflichtenkreises des Verwaltungsbeirats nur innerhalb der Gemeinschaft der Wohnungseigentümer darstellbar ist.
Die Wohnungseigentümergemeinschaft haftet für den Verwaltungsbeirat dann gemäß §§ 31, 89 BGB, da der Verwaltungsbeirat nunmehr auch als Organ der Wohnungseigentümergemeinschaft anzusehen ist[427] soweit dieser im Rahmen seiner gewillkürten oder gesetzlichen Beiratstätigkeit tätig geworden ist.
So muss sich die Gemeinschaft der Wohnungseigentümer, anders als die Wohnungseigentümer, das Wissen der Verwaltungsbeiräte nach § 166 BGB zurechnen lassen, soweit diese als Organ tätig geworden sind. Dies bedeutet, dass die Gemeinschaft der Wohnungseigentümer sich das von den Beiratsmitgliedern im Rahmen ihrer Prüfung erworbene Wissen auchbei einer Beschlussfassung über die vom Beirat empfohlene vorbehaltlose Entlastung des Verwalters zurechnen lassen muss[428]. Folglich können auch Ansprüche gegen den Verwalter aufgrund von Vorgängen, die bei dem Beschluss über die Genehmigung der Jahresabrechnung den Wohnungseigentümern nicht bekannt oder erkennbar waren, dann nicht mit Erfolg geltend gemacht werden, wenn der Verwaltungsbeirat die Vorgänge kannte oder kennen musste[429].
Das Gleiche gilt, wenn der Verwaltungsbeirat seine Kontrollpflicht nach § 29 Abs. 2 WEG überhaupt nicht oder, ohne um die Vorlage aussagekräftiger Unterlagen zu ersuchen, nur oberflächlich und deshalb unzureichend ausübt und deshalb keine Kenntnis davon erlangt, für welche Leistungen der Verwalter

425 OLG Köln, 18.03.1992, 16 Wx 5/92; Deckert, DWE 2005, 18; Becker in Bärmann, a. a. O., § 29 Rn. 107 f.; a. A. Lehmann-Richter in Staudinger, WEG, § 29 Rn. 103.
426 Vgl. hierzu auch Kapitel 11.8.
427 Hügel/Elzer, WEG, 3. Auflage, § WEG, § 29 Rn. 97; BeckOK WEG/Munzig, 37. Ed. 01.05.2019, WEG § 29 Rn. 141 f.; Lehmann-Richter in Staudinger, WEG, § 29 Rn. 103.
428 OLG Köln, 27.06.2001, 16 Wx 87/01, zum Wegfall eines Regressanspruchs der Gemeinschaft gegen den Verwalter nach dessen vorbehaltloser, vom Beirat empfohlener Entlastung.
429 OLG Düsseldorf, 30.10.2000, 3 Wx 92/00, ZWE 2001, 270, m. krit. Anm. Demharter.

Sonderhonorare beansprucht, vereinnahmt und als Kosten in die Jahresabrechnung eingestellt hat.
Es ist noch umstritten, ob sich eine Gemeinschaft der Wohnungseigentümer, die Regressansprüche gegen den Verwalter bei vorbehaltlos erteilter Entlastung kannte, die Kenntnis des gleichzeitig entlasteten Verwaltungsbeirates zurechnen lassen muss (jedenfalls nicht die Kenntnis einzelner Wohnungseigentümer), wobei die Kenntnis eines einzelnen Verwaltungsbeiratsmitglieds bereits genügen kann, soweit dieses Aufgaben für den gesamten Verwaltungsbeirat wahrnimmt (z. B. bei Belegprüfung)[430].
Auch kann die Gemeinschaft der Wohnungseigentümer aus schuldhaftem Verhalten des Verwaltungsbeirates keinen Grund herleiten, um den Verwaltungsvertrag aus wichtigem Grund zu kündigen[431]. Eine mögliche Pflichtverletzung des Verwaltungsbeirats vernichtet nicht zwingend den Ersatzanspruch gegenüber dem Verwalter[432].
Ob die Gemeinschaft der Wohnungseigentümer für den Beirat bei Schäden aus unerlaubter Handlung (§§ 823, 826, 831, 840 BGB) als Verrichtungsgehilfen haftet, ist strittig, wird aber vorherrschend bejaht. Erleidet ein Wohnungseigentümer durch einen Verwaltungsbeirat einen Schaden, währenddessen dieser in seinem Pflichtenkreis tätig ist (z. B. Beschädigung eines Fensters bei der Begehung mit dem Verwalter), haftet ebenfalls die Gemeinschaft der Wohnungseigentümer dann dem geschädigten Wohnungseigentümer auf Schadensersatz, da dann dessen Handlung der Gemeinschaft der Wohnungseigentümer zugerechnet wird.

11.13 Haftung und Zurechnung der Wohnungseigentümer für den Verwaltungsbeirat

Nach der durch die WEG-Reform 2020 nunmehr vorliegenden neuen Systematik des WEG sind damit direkte Ansprüche gegenüber den Wohnungseigentümern, mit Ausnahme des vorgenannten Falles einer ausdrücklichen Vertretung, im Zusammenhang mit Pflichtverletzungen des Verwaltungsbeirats nicht gegeben.

430 OLG Köln, 27.06.2001, 16 Wx 87/01, NZM 2001, 862; OLG Düsseldorf, 30.10.2000, 3 Wx 92/00, ZWE 2001, 270; a. A. Schmid, ZWE 2010, 8 ff.; Becker in Bärmann, WEG, § 29 Rn. 119 a.
431 OLG Köln, 18.03.1992, 16 Wx 5/92, n. v. dort auch zu den Folgen einer gemäß Gemeinschaftsordnung geregelten Vertretung der Gemeinschaft gegenüber dem Verwalter; Bub, ZWE 2002, 7.
432 LG München I, 31.03.2016, 1 S 19002/11 WEG, ZWE 2016, 282.

Einzelne Wohnungseigentümer, die nicht Mitglieder des Verwaltungsbeirates sind, müssen sich grundsätzlich weder das Wissen der Beiratsmitglieder nach § 166 Abs. 1 BGB zurechnen lassen[433], noch ein etwaiges Verschulden, da die Wohnungseigentümer im Verhältnis zueinander weder Erfüllungs- noch Verrichtungsgehilfen sind, soweit eben nicht der Verwaltungsbeirat im Pflichtenkreis des Wohnungseigentümers selbst als Vertreter desselben gehandelt, er also eine gesonderte Vollmacht des Wohnungseigentümers erhalten hat[434].

433 Hügel/Elzer, WEG, 3. Auflage, WEG, § 29 Rn. 8.
434 OLG Düsseldorf, 12.12.1994, 3 Wx 619/94, NJW-RR 1995, 587.

12. Wer entscheidet bei Streitigkeiten mit dem Verwaltungsbeirat?

Das zuständige Amtsgericht als Wohnungseigentumsgericht ist bei Streitigkeiten über Rechte und Pflichten des Verwaltungsbeirats als auch bei der Frage im Hinblick auf die Gültigkeit des Bestellungs- oder Abberufungsbeschlusses gemäß § 43 Abs. 2 WEG zuständig.
Entsteht in der Wohnungseigentümergemeinschaft Streit darüber, ob der Verwaltungsbeirat die ihm zustehenden Befugnisse überschritten oder ob er den ihm obliegenden Verpflichtungen nachgekommen ist, entscheidet das nach § 43 Abs. 2 WEG zuständige Amtsgericht, und zwar auch dann, wenn Nicht-Wohnungseigentümer Mitglied des Verwaltungsbeirates sind bzw. Beiratsmitglieder als Wohnungseigentümer inzwischen ausgeschieden sind[435].
Streitigkeiten können sich in der Praxis insbesondere aus Differenzen zwischen Verwalter und Verwaltungsbeirat vor allem dann ergeben, wenn es hinsichtlich der von Seiten des Verwalters gegenüber der Gemeinschaft der Wohnungseigentümer zu erfüllenden Pflichten, so unter anderem hinsichtlich des Umfangs der Auskunfts- und Informationspflichten des Verwalters, zu unterschiedlichen Auffassungen und deshalb zu einer schwerwiegenden Störung des Vertrauensverhältnisses kommt[436].
Der Beschwerdewert bzgl. der Bestellung des Verwaltungsbeirats beziffert sich auf 750 Euro[437]. Der Beschwerdewert bzgl. der Entlastung des Verwaltungsbeirats beziffert sich regelmäßig i. H. v. 500 Euro zuzüglich des Anteils des Anfechtungsklägers an etwaigen Ersatzansprüchen[438].

435 BayObLG, 03.05.1972, 2 Z 7/72, Rpfleger 1972, 262; BGH, 26.09.2002, V ZB 24/02, DWE 2002, 129; Niedenführ, a. a. O., § 29 Rn. 39.
436 OLG Frankfurt, 19.05.1988, 20 W 206/87, MDR 1988, 780 = NJW-RR 1988, 1169, dort zum Betreiben der Abwahl und zur Verweigerung der Zusammenarbeit mit dem Beirat als wichtiger Grund zur Kündigung des Verwaltervertrages; BayObLG, 03.05.1972, 2 Z 7/72, Rpfleger 1972, 262; 21.10.1999, 2Z BR 97/99, NZM 2000, 510/511; OLG Köln, 18.03.1992, 16 Wx 5/92.
437 BGH, 17.01.2019, V ZB 121/18, NZM 2019, 341.
438 BGH, 09.03.2017, V ZB 113/16, NZM 2017, 531.

Abkürzungsverzeichnis

a. A.	andere Ansicht
a. a. O.	an angegebenem Ort
a.F.	alte Fassung
Abs.	Absatz
AG	Amtsgericht
Art.	Artikel
Az	Aktenzeichen
BayObLG	Bayerisches Oberstes Landesgericht
Bd.	Band
BGB	Bürgerliches Gesetzbuch
BGBl.	Bundesgesetzblatt
BFH	Bundesfinanzhof
BGH	Bundesgerichtshof
BGHZ	Entscheidungen des Bundesgerichtshofs, amtliche Sammlung in Zivilsachen
f.	folgende
ff.	fortfolgende
Fn.	Fußnote
GbR	Gesellschaft bürgerlichen Rechts
GE	Grundeigentum Berlin
GG	Grundgesetz
IMR	Immobilien- und Mietrecht
KG	Kammergericht
LG	Landgericht
m. w. N.	mit weiteren Nachweisen
MietRB	Mietrechtsberater, Zeitschrift
n. v.	nicht veröffentlicht
NJW	Neue Juristische Wochenschrift
NJWE-MietR	NJW-Entscheidungssammlung zum Mietrecht
NJW-RR	Neue Juristische Wochenschrift – Rechtsprechungs-Report
Nr.	Nummer
NZM	Neue Zeitschrift für Mietrecht
OLG	Oberlandesgericht

OLGR	Amtliche Sammlung eines OLG in Zivilsachen
OVG	Oberverwaltungsgericht
RGZ	Entscheidungen des Reichsgerichts, amtliche Sammlung in Zivilsachen
Rn./Rnrn.	Randnummer, Randnummern
Rsp.	Rechtsprechung
S.	Seite, Satz
StGB	Strafgesetzbuch
vgl.	Vergleiche
WEG	Wohnungseigentumsgesetz
z. B.	zum Beispiel
Ziff.	Ziffer
ZMR	Zeitschrift für Miet- und Raumrecht
ZPO	Zivilprozessordnung

Stichwortverzeichnis Seite